Maria Tereza Maldonado

BULLYING E CYBERBULLYING

O que fazemos com o que fazem conosco?

Maria Tereza Maldonado

Formada em Psicologia pela PUC-RJ, onde também fez
mestrado em Psicologia Clínica. Foi professora na mesma universidade
e na Universidade Santa Úrsula, no Rio de Janeiro.
É membro da American Family Therapy Academy.
Atua como palestrante e consultora nas áreas de Saúde e Educação.
www.mtmaldonado.com.br

BULLYING E CYBERBULLYING

O que fazemos com o que fazem conosco?

Prêmio Jabuti 2012:
Didático e Paradidático

DE ACORDO COM AS NOVAS NORMAS ORTOGRÁFICAS

6ª impressão

1ª edição

São Paulo, 2011

MODERNA

COORDENAÇÃO EDITORIAL: Lisabeth Bansi
EDIÇÃO DE TEXTO: Ademir Garcia Telles
PREPARAÇÃO DE TEXTO: Ana Catarina Nogueira
COORDENAÇÃO DE PRODUÇÃO GRÁFICA: Ricardo Postacchini, Dalva Fumiko N. Muramatsu
COORDENAÇÃO DE REVISÃO: Elaine Cristina del Nero
REVISÃO: Com_Texto
EDIÇÃO DE ARTE/PROJETO GRÁFICO/CAPA: Ricardo Postacchini
DIAGRAMAÇÃO: Cristina Uetake
COORDENAÇÃO DE TRATAMENTO DE IMAGENS: Américo Jesus
PRÉ-IMPRESSÃO: Helio P. de Souza Filho, Marcio H. Kamoto
COORDENAÇÃO DE PRODUÇÃO INDUSTRIAL: Wilson Aparecido Troque

IMPRESSÃO E ACABAMENTO: EGB-Editora Gráfica Bernardi Ltda.

Dados internacionais de Catalogação na Publicação (CIP)
(Câmara Brasileira do Livro, SP, Brasil)

Maldonado, Maria Tereza
Bullying e cyberbullying : o que fazemos com o o que fazem conosco? / Maria Tereza Maldonado. — 1. ed. — São Paulo : Moderna, 2011.

Bibliografia.

1. Adolescentes. 2. Bullying 3. Bullying nas escolas 4. Comportamento agressivo. 5. Conflito interpessoal 6. Cyberbullying 7. Violência I. Título.

ISBN 978-85-16-06941-4

10-12730 CDD-364.168

Índices para catálogo sistemático:
1. Bullying e cyberbullying : Problemas sociais 364.168

EDITORA MODERNA LTDA.
Rua Padre Adelino, 758 – Belenzinho
São Paulo – SP – Brasil – CEP 03303-904
Vendas e Atendimento: Tel. (011) 2790-1300
Fax (011) 2790-1501
www.modernaliteratura.com.br
2014
impresso no Brasil

Agradecimentos

À minha família e aos inúmeros pais e professores que, no decorrer das décadas em que trabalho como consultora e palestrante nas áreas de Saúde e Educação, compartilharam experiências, inquietações e descobertas na fascinante jornada de estimular a Revolução da Consciência, tão necessária para que as novas gerações desenvolvam recursos eficazes para construir a paz dentro de nós e com os outros, no mundo em que vivemos.

Quero destacar algumas das muitas pessoas com quem troquei ideias que fertilizaram este livro: Clara Rosa Werner, diretora do Colégio Eduardo Guimarães; Maria Cecília Cury, diretora da creche Criança e Cia; Fausto Rego e Gisela Assunção, do Comitê de Democratização da Informática (CDI); Jurema Panza, da Fundação pelo Desenvolvimento em Educação (FDE); minha editora, Lisabeth Bansi, e minha agente literária, Lucia Riff.

SUMÁRIO

Introdução

Quais são as fronteiras entre brincadeira, agressão e perseguição implacável? Como distinguir entre brincadeiras saudáveis, em que todos se divertem, e o padrão de ataques repetitivos, no qual apenas alguns se divertem ou levam vantagens à custa de provocar sofrimento em outros? Quais são as manifestações mais comuns da agressividade entre alunos? Como contribuir para o uso responsável da tecnologia e das redes sociais? O que estamos escolhendo em nossas vidas? O que fazemos com o que fazem conosco?

Vivemos em uma cultura em que a violência é valorizada e encorajada, especialmente quando vemos tantos casos de abuso de poder e de atos criminosos que permanecem impunes, em todas as camadas sociais. Somos membros de uma sociedade que avança a passos lentos na batalha contra os preconceitos que atingem principalmente pessoas que não são brancas, nem heterossexuais, ou as que são portadoras de necessidades especiais (nossas cidades e nossos meios de transporte ainda acolhem mal os cadeirantes e os deficientes visuais, por exemplo).

O olhar estreitado pelos preconceitos conduz a inúmeras práticas discriminatórias por parte de vizinhos, colegas de escola ou de trabalho, desconhecidos que passam pelas ruas ou membros da própria família. Muitos gostam de estar com parentes e amigos diante da TV dando risadas nos programas humorísticos que humilham pessoas, perseguindo-as com críticas e deboches, ou que mostram vídeos em que aparecem em situações constrangedoras. Na escola, alguns autores de *bullying* simplesmente tentam reproduzir algumas cenas desses programas de TV que a própria família achou divertidas.

Muitas pessoas nem percebem o quanto estão aprisionadas em padrões de conduta ou de modos de ser, desenvolvendo grande intolerância pelos que são diferentes. Os preconceitos e as práticas discriminatórias são as raízes mais comuns do *bullying* e do *cyberbullying*. Os escolhidos como alvos são os que não se enquadram nos padrões valorizados: são pessoas "gordas" ou "magricelas", desengonçadas, que usam aparelhos nos dentes, óculos de grau ou coletes ortopédicos; são pessoas tímidas, que não gostam de participar das brincadeiras ou sentem dificuldade para conversar; ou, ao contrário, são as que se destacam pela beleza ou pela inteligência, e passam a ser excluídas ou hostilizadas por despertarem inveja.

Os programas *antibullying* contribuem para perceber e modificar a visão preconceituosa que desenvolvemos a partir das influências subliminares que atravessam gerações, que se transmitem pela palavra falada e escrita, e por inúmeras ações percebidas no meio familiar, escolar e social. Com isso, aprendemos não só a conviver com as diferenças de modos de pensar e de ser, de cor da pele, de religião, de orientação sexual, como também a apreciar e respeitar essa diversidade. Com isso, atuamos na prevenção da violência e na construção da cultura da paz.

A importância dessas ações já foi reconhecida pelo Ministério Público: em alguns Estados, estabeleceu-se a parceria entre o MP e as escolas públicas e particulares para empreender campanhas de conscientização sobre a repercussão a curto, médio e longo prazos do *bullying* e do *cyberbullying*, além de esclarecer sobre os aspectos legais. Quando crianças e adolescentes que praticam *bullying* cristalizam o padrão de ataques como modo de se relacionar com outros, terão maior probabilidade de entrar em conflito com a lei por atos como injúria, calúnia e difamação, por crimes de racismo e de lesões corporais em episódios de violência intrafamiliar e de assédio moral no ambiente de trabalho.

Educadores, pais, crianças e adolescentes podem desenvolver mais recursos para prevenir as ações de *bullying* e *cyberbullying*, integrando-os em um programa *antibullying* eficaz. Por esse motivo, este livro foi construído com essa ótica tríplice: na primeira parte, informações gerais dirigidas aos alunos, pais e educadores; na segunda, informações mais específicas para pais e responsáveis, abordando a prática do *bullying* também na família e na vizinhança e a criação de recursos para tratar dessas questões; na terceira, a educação em valores como a melhor prevenção para o desrespeito vigente e o detalhamento da construção dos programas *anti-bullying*, estimulando a ampla adesão dos alunos e das famílias, além, naturalmente, de toda a equipe escolar. As três partes devem ser lidas por todos, porque se trata da integração dos diversos pontos de vista sobre o fenômeno iluminado pelo olhar sistêmico, bem como a "costura" de ações coordenadas que tornam esses programas mais eficazes para construir uma cultura da paz e da boa qualidade dos relacionamentos.

Parte I

1. As várias faces do *bullying*

- Maria Clara, 7 anos, chora e se queixa à professora quando um grupo de colegas a chateia, chamando-a provocativamente de "Maria Vesguinha". Na verdade, precisaria usar um tapa-olho como parte do tratamento do estrabismo, mas se desespera implorando aos pais que não a façam usar "essa coisa horrível", temendo a zoação incessante dos colegas.
- Nick, 8 anos, detestava um colega de turma: chegava perto dele, na hora do recreio ou em sala de aula, pegava discretamente um lápis, rasgava a folha do caderno em que ele estava escrevendo, colocava o pé na frente para que ele tropeçasse e, quando caía, pedia desculpas, jurando que não havia feito isso de propósito.
- Cleo, 17 anos, sofreu *bullying* em silêncio durante alguns anos; não tinha coragem de contar para os pais por medo de que eles resolvessem ir pessoalmente à escola, nem ousava entrar na sala da psicóloga por medo de alguém a ver e imaginar que ela iria falar sobre os colegas que a atormentavam. O medo de ser ridicularizada e de ser vista ainda

como mais fraca do que se sentia a fazia guardar segredo. Mas a dor silenciosa cobrou seu preço: começaram os sintomas dos ataques de angústia. O coração acelerado, o suor frio, dores abdominais, dor no peito, como se houvesse mãos de ferro apertando e dificultando sua respiração, dificultavam enormemente a concentração nos estudos e a faziam sentir-se mal a cada dia em que entrava na sala de aula.

- "Vocês sabiam que a Aline já transou com o namorado?". A fofoca se espalha pelas redes sociais e rapidamente evolui para outro boato: "Ela está grávida!". Toda a turma lança olhares curiosos para a menina de 13 anos que desperta inveja por ser "popular", cujo lugar está sendo cobiçado pela colega que quer derrubá-la.
- Com problema grave na coluna, Cidinha, 12 anos, precisou usar um colete ortopédico. Alguns colegas começaram a implicar com ela apelidando-a de "Robocop". Mas algumas amigas saíram em sua defesa, reprovando o comportamento dos colegas, estimulando-os a se colocarem no lugar de Cidinha.
- A professora de Tiago, um menino de 5 anos com deficiência auditiva, percebeu que ele estava sendo excluído pela turma no "dia do brinquedo", em que as crianças eram estimuladas a levar para a escola seus brinquedos preferidos para partilhar com os colegas. Aproveitou a ocasião para trabalhar com os alunos a oportunidade de aprender

a se comunicar com o colega de outro modo, em vez de deixá-lo isolado.

- Mateus, 14 anos, diz que sofre *bullying* por ser muito esforçado: é chamado de *nerd* e deixa de ser convidado para programas de fim de semana com a turma porque só pensa em estudar.
- Regina, professora que participou de um debate sobre o tema, contou sua história: "Sempre fui gordinha, até bem mais do que estou agora e era muito criticada por isso, não só na minha família como também na escola. Fiquei com vergonha de sair, não ia à piscina do clube para não expor meu corpo de maiô, tentava me esconder na aula de educação física para não ser percebida. Cheguei a tomar remédios com tarja preta para emagrecer e que fizeram muito mal à minha saúde. Até que comecei a me perguntar: Por que eu estava fazendo isso comigo mesma?".
- "O Paulinho me mata a cada dia!", desabafou Tobias, 7 anos, com a psicóloga da escola que coordena um programa *antibullying*.
- Sarita, 16 anos, conta que sua mãe a ajudou a superar a impressão de ser feia. Quando estava com 8 anos, não ligava muito para se arrumar e começou a ser chamada de "menino feio" por vários colegas: a mãe afirmou carinhosamente que ela era linda e se propôs a enfeitá-la para ir à escola, o que provocou uma mudança no modo de se ver e de ser vista.

- Tomás, o garoto mais alto da turma, passava a mão pela cabeça de Guilherme, o mais baixinho, sem dizer uma só palavra. Achava divertido ver como ele se encolhia de medo, com o olhar faiscando de raiva, mas sem coragem de emitir qualquer som. Um dia, ficou surpreso ao se deparar com o pai de Guilherme querendo tomar satisfações com ele por estar humilhando e atormentando o menino.
- Para encobrir suas dificuldades de aprendizagem e a falta de motivação para os estudos, Paulo Gustavo, 15 anos, vale-se de ser "fortão" para coagir, por meio de ameaças, dois colegas *nerds* a fazer os trabalhos escolares por ele e a "dar cola" nas provas.

O *bullying* é um fenômeno amplo e complexo: ocorre em várias faixas etárias, em escolas públicas e particulares. Como podemos ver por meio das várias situações mencionadas anteriormente, provoca sofrimento nos que são atingidos por essas agressões repetitivas, feitas por uma pessoa ou um grupo que tem mais poder com a intenção de magoar, aterrorizar, intimidar, ameaçar, depreciar, excluir e prejudicar uma pessoa ou um grupo com menos poder. Não é um comportamento normal, nem "uma brincadeira de crianças que passa com o tempo".

São expressões comuns do *bullying*: agressões físicas, intimidação, ameaças explícitas ou veladas, comentários maldosos, apelidos depreciativos, xingamentos, difamação, roubo ou destruição de pertences, exclusão social. Há atos agressivos que não podem ser caracterizados como *bullying* por não terem um padrão repetitivo ou por não acontecerem em relações desiguais de poder; mas todos os episódios de *bullying* são agressões.

Há caminhos promissores de trabalho a ser feito com os agressores, as vítimas e os espectadores dos episódios de *bullying*. É importante enfatizar que não se trata de três grupos estanques: muitos autores são ou já foram vítimas; há vítimas que também atacam e atiçam a raiva dos agressores; autores e vítimas também são espectadores de outros episódios de *bullying*. Não é útil ver a vítima como totalmente frágil nem considerar o agressor como um "fortão": todos nós temos fragilidades e forças, competências e vulnerabilidades. O agressor, com frequência, abusa da força física ou do seu poder de intimidação para ocultar sua insegurança e inabilidade de se relacionar; quando consegue romper a barreira do silêncio e sair de uma postura de encolhimento, a vítima se surpreende ao encontrar dentro de si a capacidade de superar a dor dos ataques e de fortalecer seus recursos para lidar com a situação.

Esse trânsito entre o lugar da vítima e o do agressor traz algumas dificuldades de comunicação entre família e escola, uma vez que alguns episódios de *bullying* são mais "visíveis" e, portanto, passíveis de comprovação do que outros. Ingrid, diretora de uma escola, relata o seguinte caso: "Um garoto de 12 anos foi pego colocando uma fotomontagem com comentários maldosos sobre um colega nas carteiras de todos os alunos da turma. Quando chamei os pais para dizer que ele levaria uma advertência, a mãe ficou revoltada, argumentando que ele já havia sido vítima de *bullying* algumas vezes e que a escola não tomou nenhuma providência. Acontece que nunca tivemos provas evidentes de que ele havia sido atacado!".

Portanto, muitas pessoas transitam entre esses três grupos (vítimas, agressores, espectadores), construindo em conjunto padrões insatisfatórios de relacionamento. Por outro lado, quem faz parte do problema pode fazer parte da solução: nos programas *antibullying* é preciso desenvolver novos recursos de ação para todos os envolvidos no processo. Vítimas, agressores e espectadores podem fazer outras escolhas que os removam desses lugares e possibilitem a construção conjunta de padrões de relacionamento mais saudáveis, que criem um ambiente propício para aprender bem a ser e a conviver.

Em inúmeros casos, o sofrimento provocado pelo *bullying* se prolonga por muitos anos após os ataques, atingindo a autoestima, formando a raiz de sintomas e influenciando decisões nem sempre saudáveis, como aconteceu com a professora Regina que tomou remédios para emagrecer. E vale aqui lembrar da anorexia e da bulimia: inúmeras adolescentes ficam aprisionadas na obsessão de emagrecer e, mesmo quando estão muito abaixo do peso, ainda se percebem gordas. É um problema tão grave de distorção da autoimagem que, se não for tratado eficazmente, pode levar à morte por desnutrição.

E a Maria Clara, que não conseguia se tratar corretamente do estrabismo por medo de ser ridicularizada? E quantos se envergonham de usar aparelhos para corrigir a dentição por temerem os apelidos depreciativos?

O sofrimento provocado pela perseguição do *bullying* reflete-se também em dificuldade de concentração, queda do desempenho escolar e medo de ir à escola: a criança implora para faltar às aulas, mudar de turma ou ir para outro colégio, com a esperança de escapar dos que a atormentam. Com a persistência dos ataques, quase todas as vítimas se isolam ainda mais, tornando-se arredias, como se desejassem ser invisíveis; algumas se descontrolam, chorando com frequência, evidenciando claros sinais de angústia. Quando essa se torna crônica, como aconteceu com Cleo, estimula o aumento da produção dos hormônios do estresse que resulta em sintomas físicos como taquicardia, suor frio nas mãos, dores de estômago e de cabeça, sensação de profundo mal-estar. Quando esse estado se agrava, pode gerar estados depressivos que, em situações extremas de desespero e de desesperança, conduzem a tentativas de suicídio. Em algumas pessoas, o desespero transforma-se em raiva, rancor e desejo de vingança, motivando explosões de ódio e ataques violentos como retaliação: nesses casos, a vítima transforma-se em algoz e passa a praticar *bullying*.

Quais os alvos mais comuns da prática do *bullying*?

A maioria dos agressores parece ter sensores especiais para detectar quem pode sofrer seus maus-tratos e atender a suas necessidades de controle e dominação. As vítimas mais comumente escolhidas são crianças e adolescentes inseguros, tímidos, com dificuldades de comunicação e de construir relações de amizade; que não se encaixam nos padrões convencionais de beleza ou se vestem de modo muito diferente dos demais; que se sentem inadequados ou afetivamente carentes. Por outro lado, também podem ser escolhidas como vítimas as pessoas que se destacam pela beleza ou pela inteligência, ou que possuem objetos cobiçados que denotam melhor nível socioeconômico, devido à inveja que despertam. No entanto, a grande maioria dos episódios de *bullying* tem como raízes principais os preconceitos e as práticas discriminatórias, cujas expressões mais comuns são agressões físicas e/ou verbais, apelidos depreciativos, difamação e exclusão.

Os alvos preferidos são os negros, os homossexuais, os que apresentam características fora dos padrões convencionais de beleza e os portadores de necessidades especiais, como Cidinha e Tiago. Fragilizada, a vítima sente dificuldade em se proteger, construir estratégias que neutralizem ou desmontem os ataques, pedir ajuda e buscar alianças que a fortaleçam perante os agressores. Fica, portanto, em desvantagem no jogo de poder.

Uma pesquisa organizada pela equipe do *site* www.beatbullying.org com crianças portadoras de necessidades especiais mostrou que elas sofrem ataques de *bullying* com mais frequência e por um maior período de tempo do que as demais. Na medida em que muitas dessas crianças, por conta de suas limitações, não conseguem participar de todas as atividades e se relacionam com um número menor de colegas, contam com menos recursos de proteção, tornando-se mais vulneráveis. Além disso, em alguns tipos de deficiência a vítima sente dificuldade não só para entender o que está acontecendo como também para relatar o ocorrido, dificultando a tomada das providências necessárias.

Algumas características pessoais podem contribuir para que a pessoa permaneça por muito tempo como alvo. Por exemplo, cristalizar a mágoa e o hábito de se queixar continuamente estimula o sadismo do agressor, que se compraz presenciando o sofrimento que causa. A pessoa se encolhe até mesmo fisicamente; o olhar no chão, intensificando a tendência a se isolar quando não encontra alguém em quem possa confiar, expondo sua vulnerabilidade e sem forças para buscar aliados, torna-se um alvo "carimbado", impotente para sair desse lugar. Há casos em que uma troca de escola, juntamente com uma mudança de postura (até mesmo física), ajuda a reconfigurar o cenário, possibilitando a construção de uma rede de relacionamentos mais acolhedora. Foi o que aconteceu com Cíntia, 11 anos, sistematicamente excluída do convívio com as colegas em decorrência da perseguição de uma menina que tinha uma incrível habilidade para tecer comentários que provocavam discórdias e brigas na turma. Até mesmo as melhores amigas de Cíntia acabaram deixando-a de lado para seguir a líder prepotente. Como, do ponto de vista da família de Cíntia, a escola não tratou da questão de modo satisfatório, ela foi para outra escola que já havia estruturado um programa *antibullying* com excelentes resultados. Em alguns meses, Cíntia conseguiu fazer um bom grupo de amigos e sentiu-se acolhida na escola, colocando um ponto final em seu sofrimento.

Há pessoas que inconscientemente constroem um caminho complexo que resulta em vitimização: parece que se oferecem como alvo. Detectando pontos sensíveis que detonam a raiva do colega, acabam estimulando as agressões para, logo em seguida, se queixarem. Com isso, alguns pais já chegam à escola furiosos porque o filho foi atacado "do nada". Longe de colocar a culpa na vítima e "virar o jogo" como se ela fosse a causadora da agressão, vale a reflexão: "O que aconteceu antes do episódio final?". "Qual a participação da vítima na construção dessa cena?". Vale refazer o circuito interativo para entender melhor o que realmente aconteceu. Um dos elementos essenciais para ampliar a capacidade de autoproteção da pessoa que sofreu agressões é esclarecer que tipo de atitudes, posturas ou condutas podem facilitar sua escolha como alvo e que outros tipos de comportamentos podem inibir ou desestimular a continuidade das agressões. Se, por um lado, é importante que a vítima conte com proteção eficaz, por outro, é essencial que ela fortaleça seus recursos de autoproteção, já que nem sempre poderá contar com um "anjo da guarda" a seu lado.

O que fazemos com o que fazem conosco? Uma mesma cena de agressão repercute de modos diferentes nas pessoas atacadas: uma reage com firmeza, inibindo a continuidade do ataque; outra dá o troco com a mesma moeda ("eu xingo os meninos também!"); há a que se encolhe, sofrida e intimidada; e outra, simplesmente, ignora o ataque e segue em frente. O mesmo acontece na família, quando os pais repreendem os filhos por algo errado que fizeram: um fica magoado, com lágrimas nos olhos; outro argumenta, para aliviar o castigo, prometendo se corrigir; e há o que desafia a autoridade dos pais e continua fazendo o que quer.

Portanto, a repercussão subjetiva de uma agressão varia de uma pessoa para outra. Os ataques repetitivos que caracterizam o *bullying* podem gerar, em algumas vítimas, um sentimento de estarem sendo permanentemente atacadas, não só pelos agressores reconhecidos, mas também por muitas outras pessoas que nem, na verdade, as estão atacando. Nesses casos, a pessoa cria uma sensibilidade especial que a faz interpretar comentários, olhares e gestos como provas de que está sendo perseguida, menosprezada, criticada, mesmo quando os que presenciam as cenas tentam convencê-la de que não é exatamente isso que está acontecendo.

Há também as vítimas provocadoras que, como diz o ditado, "gostam de cutucar a onça com vara curta" para ver o que acontece, principalmente quando conseguem ver o outro explodir de raiva, agredir e ser punido. Isso acontece em muitos relacionamentos: há pais que dizem que os filhos "pedem para apanhar" porque desobedecem, desafiam, testam os limites até que os pais perdem a paciência e até mesmo o autocontrole. Há crianças que, mesmo ficando de castigo ou levando palmadas, exultam com seu poder de deixar os adultos exasperados. O mesmo acontece nas brigas entre irmãos, em que o menor costuma desenvolver estratégias muito eficientes para provocar o maior sem que os outros percebam para, em seguida, "ligar a sirene", pedindo socorro e proteção: um certo olhar, um gesto discreto que detona o ódio do outro que parte para cima do "pequenino"com gritos, socos e empurrões. A agressão visível faz com que o irmão mais velho seja repreendido pelos pais ("Bateu, perdeu a razão!"; "Não é assim que se trata seu irmão, ele é menor que você!"), enquanto o outro, no trono da vítima, sai vitorioso. Em uma situação como essa, não adianta o mais velho afirmar "foi ele quem me provocou, eu só reagi!". Ninguém acredita nele, a inocência do mais novo jurando "mas eu não fiz nada para ele me atacar assim!" convence muito mais, revelando o jogo de poder de quem é fisicamente mais fraco, fazendo com que o agressor se sinta prejudicado, a "verdadeira vítima".

Abordar a questão da vítima provocadora não exime o agressor da responsabilidade pelos seus atos. Todos nós podemos escolher o que fazer com o que fazem conosco. Quem é provocado não "tem que" reagir com agressões, pode aprender a desarmar ou a desmascarar a provocação; da mesma forma, os pais não precisam bater no filho "que pediu para apanhar", mas podem utilizar meios mais eficazes de colocar limites e disciplinar sem violência; por mais que os irmãos gostem de "brincar de brigar", podem descobrir outros tipos de brincadeiras. O mesmo acontece nas escolas em que a norma passa a ser "agressão não é diversão": todos os que ocupam temporariamente o lugar de vítima, agressor ou espectador, podem ampliar o seu campo de escolhas e de reações possíveis ao que acontece nos relacionamentos.

E qual o perfil dos agressores?

As pessoas que praticam *bullying* querem obter poder, controle e reconhecimento do grupo, vantagens materiais ou, simplesmente, se divertir, mesmo que, para isso, causem sofrimento a outros. Apresentam várias características: há as que já foram ou são vítimas em outro contexto e querem se vingar, escolhendo pessoas mais frágeis como alvo. Ocasionalmente, o agressor na escola é vítima em casa, como acontece com Leonardo, cujo irmão mais velho o persegue implacavelmente, desqualificando-o, destruindo seus pertences e batendo nele. Incapaz de reagir às investidas do irmão, acredita que obtém poder ao se identificar com seu agressor, incorporando a violência para massacrar um colega mais fragilizado, como ele mesmo se sente na família. Nesse perfil de agressor, o medo que sentia (ou ainda sente) na pele de vítima é transformado em desejo de "ter uma vítima" e provar aos outros que se fortaleceu, segundo o raciocínio de que "o ataque é a melhor defesa" ("se sou agressor, ninguém vai me agredir"). Nesses casos, impor-se como "valentão" equivale a uma carapaça que tenta esconder o medo, a insegurança e a baixa autoestima. Pessoas "duronas" quase sempre desenvolveram essa característica como defesa contra o sentimento de vulnerabilidade e a dor provocada por episódios de maus-tratos em sua vida.

Há pessoas que praticam o *bullying* como um meio inadequado de fazer contato e conseguir o que desejam: com poucas habilidades para construir bons relacionamentos, "grudam" na vítima, implicando com ela por meio de apelidos depreciativos ou toques físicos repetitivos e irritantes, garantindo o contato por meio de queixas e reclamações. Quando percebem que conseguem perturbar a vítima, sentem-se vitoriosas e continuam repetindo o mesmo tipo de ataque, sem criatividade. É o que acontece com Luís Felipe, que há meses chateia Débora chamando-a de balofa e de baleia cada vez que passa por ela na sala de aula e no pátio do recreio, além de a assediar com mensagens idênticas pelo celular. Por sua vez, Débora não está satisfeita com seu corpo: quer emagrecer, mas não consegue resistir à tentação de comer o que gosta em grandes quantidades e, quando se sente ansiosa e insegura, come ainda mais. Os ataques de Luís Felipe se casam com os ataques que faz a si própria diante do espelho, intensificando seu mal-estar; não consegue desenvolver uma estratégia mais eficaz para fazer com que ele desista de a escolher como alvo.

Muitos atribuem seus ataques a uma reação de legítima defesa, revelando, desse modo, uma leitura distorcida do que acontece nos relacionamentos. Nesses casos, o agressor acredita que é vítima e a punição que eventualmente venha a sofrer é vista como uma enorme injustiça. Dificilmente conseguirá admitir a responsabilidade pelos seus atos; a culpa é sempre do outro.

Há autores de *bullying* que só conseguem exercer seu poder com a força do braço porque não desenvolveram a força da palavra para aprimorar seus argumentos e sua capacidade de persuadir os outros a aceitarem suas ideias. São inundados pela própria raiva, não conseguem regular sua impulsividade: querem obter o que desejam a qualquer preço e afirmam que "os fins justificam os meios". Agridem fisicamente para ameaçar, intimidar ou aterrorizar suas vítimas, atacando-as em locais menos supervisionados, como o banheiro da escola ou os corredores das salas de aula. Nos jogos da hora do recreio, machucam deliberadamente seus alvos: os "valentões" explícitos gostam de exibir sua truculência por se sentirem poderosos quando despertam temor e afirmam não ter medo de uma possível punição. Muitos interpretam esse comportamento como "coisa de macho", maneira de ser vencedor. Respeitar acordos, resolver conflitos por consenso é "coisa de perdedor" ou de "mulherzinha". Nesse perfil, muitos aprenderam desde cedo a ganhar disputas "no tapa e no grito".

Os "fortões" abusam da força física para encobrir suas fragilidades, como acontece com Paulo Gustavo: seu sentimento de incompetência diante dos colegas mais estudiosos o motiva a escolher os *nerds* como alvos, para que estejam a seu dispor, enquanto zomba deles por serem "cdfs". Vale lembrar que os que dizem, com ironia, que "estudar não tá com nada" e que "todas as matérias são chatas" expressam falta de motivação que, com frequência, encobre dificuldades de aprendizagem e baixa autoestima, por se acharem menos inteligentes que os colegas.

Mas há outros agressores, como Nick, que agridem fisicamente de modo discreto, afirmando que não foi de propósito. Ou, então, incitam colegas a realizar os ataques, atuando como mentores intelectuais: espalham o combustível de modo imperceptível, estimulando o outro a acender o fósforo e ser, dessa forma, incriminado pela explosão. Enquanto isso, o mentor fica nos bastidores afirmando que não teve nada a ver com a história. Crianças e adolescentes "certinhos", cujas famílias são rígidas e controladoras, são os que comumente agem dessa forma, escondendo sua própria agressividade, atacando pelas mãos dos outros. No *cyberbullying*, em particular, é comum ver essa dupla face: no contato real, revela-se uma pessoa educada, bem-comportada, atenciosa com colegas e professores, dedicada aos estudos; no mundo virtual, revela o lado sombrio com uma agressividade mal canalizada, colocando em prática as fantasias que não ousa realizar no contato pessoal e atacando com requintes de crueldade, surpreendendo a todos quando é descoberto.

O *bullying* praticado por garotas costuma ser mais insidioso, mas não por isso menos cruel. Fofocas, comentários maldosos e boatos espalhados pela rede de relacionamentos com o objetivo de destruir a reputação da pessoa atacada e "reduzi-la a pó" são formas comuns de ataque, como aconteceu com Aline. Inventar histórias para, por exemplo, colocar as melhores amigas de uma garota contra ela também é uma ação comum, feita com o objetivo de destruir os relacionamentos da vítima e deixá-la isolada, sem ter com quem contar. Quase todos os ataques desse tipo são motivados por inveja e ciúmes. Por exemplo, a garota atacada pode ameaçar as agressoras por fazer muito sucesso com os garotos; em outros casos, o "pecado imperdoável" é ser apreciada pelos professores por se destacar pela inteligência e pela qualidade de sua participação nas aulas.

Há agressoras que aumentam seu poder de exercer uma liderança autoritária escolhendo uma colega para ser excluída: "Se você deixar a Alice entrar no jogo, não vai mais fazer parte do meu grupo" é a ameaça que intimida as colegas de Alice, que acabam deixando-a isolada para não perderem o privilégio de pertencer ao grupo da menina "popular". Nem sequer percebem o quanto estão sendo manipuladas: apenas obedecem ao comando da líder prepotente.

Esse tipo de liderança opressora é cultivado por alguns autores de *bullying* que, desse modo, conseguem ser mais poderosos não só por contarem com um séquito de comandados que potencializam os ataques (vaiando o colega, rindo para zombar dele ou encurralando-o para aterrorizá-lo), como também para obter vantagens materiais, cobrando "pedágio" para obter uma trégua para os ataques ou obrigando a vítima a entregar seus pertences cobiçados.

As meninas também podem utilizar a agressão física como intimidação, resultando em brigas em que uma puxa o cabelo da outra, dá unhadas, tapas na cara, empurrões, socos, pontapés. Foi o que aconteceu com Diana, que despertava inveja em um grupo de colegas por ser muito bonita. Sofria intimidações no banheiro, no pátio e na saída da escola. A situação piorou significativamente quando começou a ser paquerada por um garoto desejado por muitas. Quando a viram entrar sozinha no banheiro, uma ficou vigiando a porta enquanto duas a espancaram com tamanha violência que lhe causaram uma fratura no braço.

A exclusão também é praticada por meninos e as vítimas frequentemente sofrem até não suportarem mais, como aconteceu com Luís Guilherme na aula de educação física. O professor combinou com a turma que, a cada semana, um deles seria o capitão do time, com o direito a escolher os colegas que jogariam a partida. Por estar acima do peso, Luís Guilherme quase nunca era selecionado, mas sofria calado a zoação e a exclusão. Quando chegou sua vez de ser o capitão, os colegas o ameaçaram dizendo que, se ele aceitasse, nunca mais seria escalado para os jogos. Só nessa situação limite ele criou coragem para se queixar ao professor pela discriminação sofrida.

A dificuldade de empatia é outra raiz que alimenta muitas ações de *bullying*. O agressor pensa que tem o direito de se divertir à custa do sofrimento ou do incômodo que provoca em suas vítimas. Centrado em seu próprio prazer ou na necessidade de conquistar mais poder, não desenvolve uma relação de respeito e de consideração pelos outros e, em alguns casos, nem sequer percebe a extensão e a profundidade dos danos que causa. Acha difícil encontrar a linha divisória entre brincadeira e agressão. Foi o que aconteceu com Tomás: achava graça em implicar com o colega fazendo o gesto que o atingia no ponto sensível, sem imaginar o quanto ser baixinho o incomodava. Essa situação nos mostra também que podemos agredir sem palavras: um gesto que contém uma frase inteira, um olhar de desdém que equivale a um xingamento, um discreto movimento interpretado pelo outro como uma provocação que desencadeia um ataque de raiva.

A dificuldade de se colocar no lugar do outro surge em crianças e adolescentes que são tratados como príncipes, com pais e avós que se comportam como súditos, sempre dispostos a realizar seus desejos e a obedecer a seus comandos. Desse modo, crescem com a impressão de que são o centro do universo e de que podem dispor dos outros como bem quiserem. Entram na escola esperando ser endeusados do mesmo modo que são em casa. Prisioneiros de seus próprios desejos, não conseguem ter flexibilidade para fazer acordos e perceber que os outros têm direito a ter desejos que também precisam ser atendidos. Tentam conseguir o que querem a qualquer preço.

Há agressores que constroem argumentos para justificar seus atos, sem manifestar remorsos ou arrependimento. Consideram que as vítimas são pessoas fracas e que, mesmo assim, os provocaram e merecem ser atacadas por apresentarem características que se encaixam nos preconceitos que motivam as práticas discriminatórias ("Quem mandou nascer preto?"; "Com orelhas desse tamanho tem mais é que ser zoado!"; "O cara é gago, merece ser vaiado cada vez que se atreve a dizer alguma coisa!"). Compaixão, paciência, colaboração e solidariedade estão atrofiadas: os autores de *bullying* com esse perfil conseguem até mesmo arregimentar colegas para fazer coro e intensificar as ações de humilhação e de exclusão.

Há os que se comprazem não só em atormentar e causar sofrimento como também em transgredir as leis e os "acordos de bom convívio" elaborados pelas escolas que constroem programas *antibullying*. Confrontam os professores do mesmo modo que desafiam seus pais: "Faço mesmo, e daí?"; "Estou me lixando para as leis!"; "Se quiser me punir, fique à vontade, não estou nem aí!". Em casos extremos, são as pessoas incapazes de sentir remorsos e sentimento de culpa pelos danos que causam: as características psicopáticas evidenciadas ainda no período escolar aumentam a probabilidade de outros episódios de conduta antissocial na idade adulta.

Podemos queimar com fogo e também com gelo: as agressões físicas, as mensagens difamatórias, as fofocas disseminadas pelas listas de contato dos celulares e pelas redes de relacionamento, assim como os xingamentos, são explosivos, gritantes, vão demolindo reputações ou provocam ferimentos explícitos; mas a exclusão, os comentários maldosos sussurrados, os olhares desdenhosos e a condenação ao isolamento formam um deserto gelado de desamor e de abandono que fere a alma.

E o que acontece com as pessoas que presenciam as ações de *bullying*?

Presenciar cotidianamente episódios de agressão em casa, na escola e na comunidade exacerba o medo, a ansiedade e a sensação de impotência por achar que nada pode ser feito para modificar esse cenário. Há crianças e adolescentes que ficam revoltados e com sensação de desamparo ao ver que os adultos nada fazem para impedir que as agressões aconteçam, temendo não ser protegidos, se escolhidos como alvos. Querem intervir, mas não sabem como. Os mais sensíveis relatam pesadelos e desejo de não ir para a escola.

Na "plateia silenciosa", as testemunhas ou espectadores se omitem, observando o desenrolar das agressões sem nada dizer, sem tomar providências no sentido de denunciar ou desmascarar os agressores, que se tornam ainda mais audaciosos por acreditarem que não haverá consequências para suas ações. Os espectadores se omitem por medo de serem escolhidos como alvos, por indiferença ou pela recusa de perceber a realidade: "O problema não é meu, então não sou eu quem vai resolver"; "Se fosse comigo, eu reagiria de outro modo, essa bobinha que aprenda a se defender!"; "Nunca vi essas coisas acontecendo na minha escola".

Quantas vezes passamos pelas ruas sem ver as crianças abandonadas ou os mendigos deitados na calçada? São seres que se tornam invisíveis aos nossos olhos, os quais não querem se incomodar com a miséria alheia, couraça de insensibilidade que nos poupa do sofrimento de constatar a injustiça da desigualdade. No nosso dia a dia, presenciamos episódios de violência diante dos quais nos tornamos testemunhas silenciosas, sem palavra e sem ação? E o que dizer dos filhos que presenciam as agressões diárias entre seus pais, que se batem com palavras em uma relação de desrespeito e desqualificação? A exposição contínua a episódios de violência adormece a indignação, tornando muitos de nós insensíveis ao sofrimento alheio. Os agressores sentem-se mais à vontade para agir diante de uma plateia apática, que lhes assegura que seus atos continuarão impunes.

Com a plateia participativa, os agressores aumentam seu poder de intimidação. Vale destacar que nem sempre os membros da plateia participativa são amigos do agressor. Quando conseguem convencer um grupo de espectadores a rir e caçoar da vítima, os agressores "crescem e aparecem". Seduzem testemunhas para potencializar suas ações e contam com elas para ajudá-los a bater, xingar, vaiar, zoar pessoalmente, assim como para espalhar mensagens difamatórias ou ameaçadoras pelas redes de relacionamento. Desse modo conseguem ridicularizar, humilhar e atordoar as vítimas de modo mais massacrante. Os componentes da plateia participativa são pessoas que não têm coragem suficiente para tomar a iniciativa de agredir, mas aprovam, admiram e aderem de bom grado às ações do agressor. Mesmo quando ficam de longe, rindo ou lançando olhares provocadores, estão participando e são cúmplices das agressões.

No *cyberbullying*, os membros da plateia participativa repassam mensagens difamatórias e fazem comentários sobre as fofocas e os boatos transmitidos pelos *sites* de relacionamento. Muitos nem pensam que, agindo desse modo, tornam-se coautores dessas agressões.

Há professores que, mesmo sem perceberem, estimulam os alunos a excluírem ou a zoarem de um colega exposto por seus comentários. Foi o que aconteceu com Joana, de seis anos: ao vê-la coçar a cabeça continuamente, a professora disse, na frente de todos, que ela estava com piolhos. No recreio, ninguém quis ficar perto dela e, nas semanas seguintes, muitos passaram a chamá-la de piolhenta e a excluí-la das brincadeiras. Comentários depreciativos do tipo "Você é burro mesmo! Já expliquei a mesma coisa três vezes e você ainda não entendeu!" servem de munição para os agressores colocarem apelidos depreciativos e atormentarem o colega.

A plateia protetora é composta por espectadores que, por compaixão e solidariedade, se aliam às vítimas inibindo ou desarmando as ações de *bullying*. Isso pode acontecer pela simples presença ao lado da pessoa atacada, evitando que ela se exponha sozinha ao agressor, atuando como escudo protetor, ou por iniciativas de criticar e desprestigiar o comportamento de *bullying*: "Ih, cara, tu não tá com nada tratando o colega desse jeito!". Ao defender e proteger a vítima, as testemunhas, como as colegas de Cidinha, podem estimular o agressor a se colocar no lugar de quem está atacando, no sentido de fazê-lo parar de se comportar desse modo. Por isso, nos programas *antibullying* o fortalecimento das ações da plateia protetora é um dos recursos mais eficazes para construir relacionamentos saudáveis e respeitosos. É preciso estimular as intervenções da plateia protetora para que se torne a "maioria que cuida" e que contribui ativamente para criar um ambiente em que prevaleça o respeito e a consideração pelos outros.

Quais são as repercussões, a longo prazo, de ter sido vítima e/ou autor de *bullying*/ *cyberbullying*?

Muitos adultos conservam lembranças sofridas da época em que foram atacados e se sentiam sem recursos para enfrentar seus agressores. Em casos extremos, quando a pessoa já apresentava antecedentes de vulnerabilidade emocional, isso pode resultar na síndrome do estresse pós-traumático: a pessoa mergulha em um estado de angústia crônica, em que as cenas mais traumáticas permanecem nítidas na memória, trazendo de volta as sensações físicas e emocionais de desconforto, medo, insegurança e desamparo.

Pessoas já marcadas por uma visão de mundo desalentada, em que a vida parece cheia de obstáculos intransponíveis, podem desenvolver estados graves de depressão a partir da perseguição duradoura e implacável do *bullying* ou de ataques massacrantes de *cyberbullying*, a ponto de perder toda e qualquer esperança de encontrar a porta de saída de seu desespero. Nesse contexto, morrer traz a promessa de alívio do sofrimento supostamente eterno e a atração pelo suicídio se intensifica como sendo a única saída disponível no terreno árido da desesperança. Cresce a sensação de não pertencer a este mundo, de não ser amada, aceita ou compreendida. A pessoa acalenta dentro de si raiva, revolta, mágoa, ressentimento que acabam se voltando contra si própria, em atos autodestrutivos ou de automutilação (cortar-se ou provocar ferimentos propositais em seu próprio corpo). Há suicidas que acalentam a ideia de que sua morte seria o triunfo final, enchendo de culpa e remorsos aqueles que os desprezaram, hostilizaram ou abandonaram: imaginam as pessoas em seu próprio velório chorando, arrependidas, pelo mal que causaram, em sofrimento irremediável por não poderem voltar atrás e refazer a história.

Por outro lado, as pessoas atacadas que conseguiram desenvolver recursos para "dar a volta por cima" lembram-se do sofrimento provocado pelo *bullying* como um desafio que enfrentaram e que ficou como símbolo da possibilidade de criar recursos de superação em outros momentos da vida em que os obstáculos se apresentam. Acreditam firmemente que, diante dos problemas, não adianta sentar e chorar, mas pensar "como vou sair dessa?" e batalhar para resolver as dificuldades. São pessoas resilientes: como os galhos de uma árvore que se dobram mas não quebram no vendaval, procuram a melhor maneira de atravessar as adversidades e transformam obstáculos em caminhos. Embora passem por períodos de baixa autoestima e vulnerabilidade, não se deixam abater e tratam de consolidar a autoconfiança, nutrindo o otimismo, acreditando que, no final, conseguirão fortalecer seus próprios recursos e buscar a ajuda necessária.

É importante lembrar que a autoestima, ou seja, a visão positiva de nós mesmos, é construída no decorrer da vida, em grande parte pelo olhar de apreciação das pessoas significativas para nós. Em períodos de grandes mudanças, em que aspectos novos de nós mesmos se desenvolvem, nossa autoestima fica mais vulnerável. Por exemplo, quando entramos na escola, ainda nos primeiros anos de vida, quando chegamos à adolescência e iniciamos nossa "alfabetização amorosa", quando começamos a vida profissional, ou nos tornamos pais e mães. Surgem dúvidas: "Conseguirei ser uma pessoa atraente?"; "Serei profissionalmente competente para conquistar um bom lugar no mercado de trabalho?"; "Saberei educar um filho?". As experiências bem-sucedidas e o reconhecimento do nosso valor ajudam a construir uma boa autoestima; fracassos sucessivos, olhares críticos e impiedosos, a perseguição implacável do *bullying* com mensagens que humilham, ridicularizam, depreciam e com ações que excluem do convívio social podem deixar marcas profundas em algumas pessoas, especialmente quando estão em períodos de mudanças marcantes, como ocorre na transição entre a infância e a adolescência.

A passagem de um contexto para outro também pode influenciar significativamente o modo como a pessoa se vê e é vista. Após uma palestra sobre *bullying*, um rapaz quis me contar sua experiência:

desde criança, tem um problema neurológico que dificulta sua locomoção. Na escola, sempre era excluído do futebol, pela falta de agilidade, e sofria muito com isso. Quando começou um tratamento em uma clínica de reabilitação percebeu que era o caso menos grave do grupo: passou a ser valorizado por seu desempenho em jogos e brincadeiras. Isso provocou uma enorme mudança em sua autoimagem e o ajudou a redimensionar seu problema. Com isso, passou a não se importar com a exclusão que sofria por parte dos colegas da escola.

O que fazemos com o que fazem conosco? As pessoas reagem de diferentes maneiras aos ataques de *bullying* e *cyberbullying*, as interpretações pessoais dos acontecimentos repercutem em nossas características individuais e em nossas redes de relacionamento, nessa imensa gama que vai do desespero de desistir da própria vida ao fortalecimento de suas competências na busca ativa de recursos e de saídas.

Os autores de *bullying/cyberbullying* também desenvolvem caminhos diferentes em suas vidas: alguns cristalizam esse padrão de comportamento violento e desrespeitoso desenvolvendo, na vida adulta, a tendência a desafiar as leis e exibir condutas antissociais. Crescendo com a visão de não tolerar a diversidade das pessoas, continuam discriminando e atacando os "diferentes", envolvendo-se em crimes de racismo, homofobia, injúria, calúnia e difamação e sendo considerados como pessoas difíceis de conviver no ambiente de trabalho e nos relacionamentos familiares e sociais.

Outros, no entanto, conseguem abrir os olhos e, com mais maturidade, reavaliar o mal que causaram a colegas ou irmãos por inveja, insegurança ou ameaça de perder poder. Redefinem a antiga intenção de se divertir a qualquer custo para perceber, com maior capacidade de empatia e de compaixão, que não é cabível causar sofrimento em outros para o seu próprio prazer. Descobrem maneiras saudáveis de brincar e transformam o padrão anterior de relacionamento, desenvolvendo outras formas para se sobressaírem e exercerem sua capacidade de liderança.

2. De brincadeira de crianças a coisa séria

- A professora Laís conta que sofre perseguição, não só por parte de alguns colegas de trabalho como também de seus alunos adolescentes, devido a sua aparência pouco convencional: pinta os longos cabelos de vermelho, usa *piercing* no nariz e tem tatuagem no pescoço. Como mora em uma cidade em que a maioria das pessoas é muito conservadora, precisou aprender a conviver com olhares de reprovação e comentários depreciativos.
- Gisela ficou enraivecida com a professora de Biologia por ter tirado notas baixas no primeiro semestre. Como exerce liderança sobre quase todos os colegas, criou uma comunidade "eu odeio a profª. Odete" no *site* de relacionamentos, em que dizia que a aula de Biologia era ridícula, incitando os colegas a boicotar o trabalho da professora, falando alto e tumultuando o ambiente de tal modo que a professora ficou transtornada.
- A professora Fabiana comenta: "Quando comecei a pesquisar mais a fundo a questão do *bullying*, percebi os episódios que acontecem na sala dos professores: desde as 'panelinhas' que se formam,

excluindo alguns colegas, até espalhar fofocas e boatos com a clara intenção de prejudicar aqueles que não são queridos. Para alguns, a pressão ou a perseguição é tão grande que preferem trabalhar em outra escola".

- Com seis meses de namoro, Dayse e Fabiano se casaram. Com o passar do tempo, os ciúmes e o controle de Fabiano deixavam Dayse desesperada: ele a criticava incessantemente, até mesmo na frente dos amigos, deixando-a intimidada, envergonhada e muito assustada com seus rompantes. O prejuízo para sua autoestima foi tão grande que ela passou a desacreditar de sua própria competência.

Os estudos iniciais sobre o *bullying* foram realizados no século passado, na década de 1970, por Dan Olweus, na Universidade de Bergen, na Noruega, e resultaram em uma campanha nacional *antibullying* nas escolas norueguesas, em 1983, após três casos de suicídio em decorrência do sofrimento provocado por essa prática. Os trabalhos de Olweus chamaram a atenção mundial para o problema e inspiraram profissionais de muitos países para pesquisar as manifestações do fenômeno em diferentes contextos, propondo programas para reduzir a incidência desses comportamentos violentos nas escolas. Em 2005, na Conferência Internacional sobre "Online school *bullying* and violence", o termo em inglês acabou sendo adotado em outros países pela dificuldade de encontrar equivalentes, em muitos idiomas, que abarquem todos os comportamentos descritos na definição do problema.

Neste início de século, Dan Olweus continua trabalhando ativamente: seu Programa de Prevenção do *Bullying*, adotado em todas as escolas norueguesas como política pública, é considerado um dos mais eficazes para reduzir a incidência dos ataques e melhorar a qualidade das relações sociais no ambiente escolar. Com isso, inspirou dezenas de programas em diversos países.

Na década de 1990, com colaboradores americanos, Olweus fez adaptações em seu programa original para ser adotado por escolas dos Estados Unidos, obtendo resultados muito positivos na criação de um ambiente escolar mais seguro e favorável à aprendizagem. Ele considera que os programas *antibullying* eficientes necessariamente abordam os seguintes aspectos: identificam a extensão do problema; conscientizam a família sobre o tema; envolvem professores e alunos na construção de regras de convivência em sala de aula; criam intervenções para tratar de casos individuais de agressores e vítimas; desenvolvem atividades de cooperação e aumentam a supervisão de funcionários da escola em áreas mais vulneráveis para a prática do *bullying*, tais como o pátio do recreio, a cantina e o ônibus escolar. Nesses programas, portanto, há aspectos a serem trabalhados na escola como um todo, nas salas de aula em particular, com alunos individuais, com as famílias e também com a comunidade, por meio de parcerias que fortaleçam a atuação da escola e ampliem a conscientização da sociedade sobre as melhores práticas de combate ao *bullying*.

No Brasil, em 2003, a Associação Brasileira Multiprofissional de Proteção à Infância e à Adolescência (ABRAPIA) publicou uma pesquisa sobre *bullying*, realizada com 5.500 alunos de escolas públicas e privadas, com o objetivo de estruturar um Programa de Redução do Comportamento Agressivo entre Estudantes. A meta era construir um ambiente escolar em que a aprendizagem ocorresse com entusiasmo, amizade, cooperação e respeito pelas diferenças. Apelidar, xingar e rir dos colegas foram as ações mais comumente encontradas, predominando o sexo masculino tanto como vítima quanto como autor; para a maioria dos agressores, a prática do *bullying* é considerada uma diversão entre colegas.

Em outra pesquisa brasileira, feita com 1.761 alunos, a educadora Cleo Fante verificou que 49% dos alunos estavam envolvidos em episódios de *bullying*, seja como autores, seja como vítimas. A partir desses resultados, formulou o Programa Educar para a Paz, já implantado em diversas escolas brasileiras, obtendo índices significativos de redução dos episódios de *bullying*.

Em 2009, a ONG Plan Brasil fez a pesquisa "*Bullying* no ambiente escolar" para coletar dados que serviriam de base para a campanha "Aprender sem medo". O objetivo dessa campanha é sensibilizar escolas, famílias e comunidades para a necessidade de implementar ações eficazes para reduzir a violência escolar, que prejudica a qualidade da aprendizagem, tanto nas vítimas como nos autores das agressões, garantindo aos alunos o direito de estudar com segurança em escolas livres da violência. Foram entrevistados 5.168 alunos de 25 escolas públicas e particulares de todas as regiões do Brasil e verificou-se que cerca de 17% já haviam sofrido ataques de *cyberbullying*, por meio de celulares, e-mails e *sites* de relacionamento, e que cerca de 18% já haviam praticado ataques. A maioria das vítimas (cerca de 70%) tem entre 11 e 15 anos, e os meninos atacam e são mais atacados do que as meninas. Os tipos mais comuns de maus-tratos entre colegas são as agressões verbais (xingar, insultar, colocar apelidos depreciativos), que acontecem com mais frequência na sala de aula e no pátio do recreio. A incidência da violência no contexto escolar é expressiva: cerca de 70% dos alunos entrevistados relataram já ter presenciado episódios de maus-tratos entre colegas.

Uma das conclusões dessa pesquisa da Plan Brasil é que a maioria das escolas ainda não desenvolveu estratégias eficientes para reduzir a incidência do *bullying* ou prevenir sua ocorrência. Quase todas se limitam a punir o aluno agressor e a conversar com seus pais, medidas insuficientes para lidar com o problema. A escola tende a culpar a família pela falta de limites, por deficiências na socialização do filho e na transmissão de valores básicos de convívio, assim como por encorajar que ele se comporte de maneira agressiva. Por sua vez, a família tende a julgar a equipe escolar como incompetente e desinteressada em resolver os problemas dos seus filhos, além de despreparada para lidar com os episódios de *bullying*. Com isso, a parceria indispensável entre família e escola permanece insuficiente, dificultando a construção de caminhos eficazes.

A Pesquisa Nacional da Saúde do Escolar (Pense) de 2009, realizada pelo IBGE com uma amostra de 60.973 alunos do 9º ano do ensino fundamental, em 1.453 escolas públicas e privadas, de todas as capitais e do Distrito Federal (DF), incluiu uma pergunta específica sobre *bullying* e verificou que quase um terço dos alunos (30,8%) disse ter sofrido *bullying*, sendo a maior proporção de meninos em escolas particulares.

No ano 2000, o educador canadense Bill Belsey criou o *site* www.bullying.org, considerado uma das principais referências do tema. Ele criou o primeiro *site* sobre *cyberbullying* (www.cyberbullying.org), que apresenta informações sobre os tipos mais comuns de ataques utilizando recursos da tecnologia e dicas interessantes sobre autoproteção, com o objetivo de conscientizar pais e educadores sobre o tema e ampliar as ações de prevenção do *bullying*.

Em 2009, por iniciativa dos organizadores do *site* www.beatbullying.org (cuja missão é criar um mundo em que o *bullying*, o assédio e os demais tipos de violência sejam considerados inaceitáveis) foi criado, na Inglaterra, o grupo dos Cybermentors. Esse grupo é composto por jovens voluntários (muitos dos quais sofreram *bullying*) que recebem capacitação e supervisão de profissionais experientes para orientar crianças e adolescentes vítimas de *bullying* e *cyberbullying* que, muitas vezes, sentem medo ou vergonha de se abrir com adultos mas sentem-se mais à vontade para receber ajuda de pessoas de sua faixa etária que já passaram por problemas semelhantes.

A rede INSAFE, que congrega organizações de vários países que se dedicam a promover o uso responsável do computador e do celular, lançou, em 2007, o Dia da Internet Segura ("Safe Internet Day") a ser celebrado anualmente para ampliar a conscientização de crianças e adolescentes sobre o uso da rede.

Alguns autores, como Craig Donnellan, Gary Namie e Ruth Namie, ampliaram a definição de *bullying*, reconhecendo que esse padrão de relacionamento agressivo não ocorre apenas no ambiente escolar nem somente entre pares no decorrer da infância e da adolescência. As agressões repetitivas com o objetivo de prejudicar alguém também acontecem entre irmãos, nos casais, entre professores e alunos, pais e filhos, vizinhos e colegas de trabalho (tradicionalmente conhecido como assédio moral). Há casos em que grupos de alunos se organizam para atormentar um professor escolhido como alvo a ponto de forçá-lo a pedir demissão por não conseguir lidar com a perseguição, os boatos, a sabotagem às suas aulas, que tornam a tarefa de fazer um bom trabalho muito difícil, e a indisciplina que derruba sua autoridade. Em circunstâncias extremas, o professor pode ser ameaçado e até mesmo agredido fisicamente. Portanto, esse padrão de agressão repetitiva, com o objetivo de obter controle e poder sobre os outros, quando aprendido no decorrer da infância e da adolescência, pode ter continuidade na vida adulta em episódios de violência doméstica e de *bullying* no local de trabalho.

O *bullying* no local de trabalho é um problema muito mais profundo do que a maioria das pessoas imagina. Há chefes, gerentes, supervisores e até mesmo diretores de organizações que, por seu comportamento abusivo, contribuem amplamente para criar um ambiente de trabalho opressor e altamente competitivo em que os funcionários se sentem amedrontados e ameaçados a ponto de se voltarem uns contra os outros. Isso prejudica o desempenho profissional das pessoas atacadas e compromete a produtividade da organização. Grandes prejuízos são causados, entre outros fatores, por gerar um ambiente de tensão e desconforto que resulta em alta rotatividade de funcionários, que acabam se demitindo por não conseguirem suportar tanta pressão. Por outro lado, muitos sofrem em silêncio por medo de, se apresentarem queixa, serem demitidos e não conseguirem se recolocar no mercado de trabalho.

O padrão de ataques persistentes acaba gerando angústia que se expressa por sintomas físicos, aumentando a incidência de faltas ao trabalho. Quando, por exemplo, isso acontece por parte de um chefe que faz críticas demolidoras e persegue implacavelmente um funcionário, este passa a sentir-se muito mal, desqualificado e desconsiderado, o que pode afetar seriamente sua autoconfiança e sua autoestima, assim como sua saúde, aumentando a incidência de doenças relacionadas ao estresse e à depressão. Os sintomas mais comuns de que a pessoa está sofrendo *bullying* no local de trabalho são físicos, como dores generalizadas, mal-estar, perda de apetite, dores de cabeça e de estômago, sudorese, batimentos cardíacos acelerados, ataques de angústia, insônia, cansaço extremo, e psíquicos, como desmotivação para o trabalho, depressão, ideias suicidas.

O autor dessas ações de críticas incessantes, humilhação pública, discriminação e isolamento sente-se valorizado ao abusar do seu poder e, muitas vezes, isso encobre sentimentos de ameaça de que seus subordinados se mostrem mais capazes do que ele próprio. As vítimas, portanto, costumam ser pessoas competentes que deixam o agressor inseguro e com desejo de as destruir, para que ele se sinta menos ameaçado. Muitos desses ataques são difíceis de ser reconhecidos como *bullying*: não há agressões físicas, mas há violência psicológica com o intuito de prejudicar o funcionário ou um grupo de trabalhadores. É um padrão de ações repetitivas e em escala crescente de ataques insidiosos, tais como fazer comentários irônicos, realçar apenas os erros e jamais mencionar os acertos, ignorar a presença do funcionário ou não dar a menor importância para o que ele diz, atribuir tarefas com prazos tão pequenos que as tornam impossíveis de ser cumpridas. Quando o funcionário se queixa o agressor diz que nada disso está acontecendo, que a pessoa atacada não tem senso de humor ou que está com mania de perseguição. Em síntese, é um acúmulo de pequenos eventos que fazem um verdadeiro "trabalho de cupim", para demolir a estrutura da pessoa atacada.

Tal como ocorre na escola, o *bullying* entre adultos no contexto de trabalho tem como características fundamentais agressões repetitivas que crescem em intensidade no decorrer do tempo, com o objetivo claro de prejudicar a pessoa atacada, impossibilitada de se defender por se encontrar em posição de menor poder.

3. Mudando a maneira de olhar, de sentir e de agir

A construção da paz é o núcleo básico do meu trabalho como psicoterapeuta, palestrante e escritora. Considero as três vertentes do trabalho diário da construção da paz: a busca da harmonia consigo mesmo, com os outros e com o ambiente em que vivemos. Com os altos índices de violência e de degradação ambiental que nos atingem é preciso promover uma revolução da consciência que passa pela ética de cuidar bem de nós, dos outros, que formam a imensa família humana, e da nossa morada planetária. É preciso investir na formação das novas gerações de seres humanos para tornar essa revolução possível. Por isso, decidi escrever para os jovens: nesses livros, elaboro histórias baseadas em fatos reais de experiências bem-sucedidas em várias cidades brasileiras que tive a oportunidade de conhecer. Esses livros estão sendo adotados por um grande número de escolas como leitura recomendada para alunos a partir da quinta série. Fico muito feliz quando recebo e-mails de jovens leitores, ou quando converso com grupos de alunos que leram algumas dessas obras. Já publiquei *Os Construtores da Paz*, *Viver melhor*, *Redes solidárias*, *Florestania*, *Nos passos da dança* e *A face oculta* (que aborda o tema do *bullying* e do *cyberbullying*).

Quando a Unesco, em 1994, lançou o programa de cultura da paz, baseou seus princípios em um documento elaborado por pesquisadores de diversas áreas da ciência, oriundos de vários países, conhecido como a Declaração de Sevilha (Espanha, 1986). Nesse documento, os cientistas mostram que a violência não está geneticamente programada no ser humano: não existe um "cérebro violento" ou "instintos de guerra". Terminam o documento afirmando que, assim como a guerra começa na mente dos homens, a paz também: a mesma espécie que inventou a guerra também pode construir a paz. Isso é responsabilidade de cada um de nós. A violência é aprendida, e o respeito também.

A agressividade, bem como a capacidade de amar, faz parte do nosso equipamento básico, mas o comportamento violento é aprendido nas interações sociais e, portanto, pode ser desaprendido. Por isso, uma das funções primordiais de pais e educadores é contribuir para a expansão da capacidade amorosa (que se reflete em solidariedade, generosidade, compreensão, colaboração) e para a canalização da agressividade para fins construtivos (utilização da energia agressiva para a assertividade, a persistência para vencer dificuldades, a disposição para ultrapassar os obstáculos e encarar os desafios). Essa maneira de olhar pode nos ajudar a vencer o desânimo diante de constantes episódios de violência: em vez de nos encolhermos no conformismo de pensar "isto não tem jeito!", podemos nos motivar a encontrar caminhos para que padrões não violentos de relacionamento possam ser aprendidos. O *bullying* é um comportamento aprendido; respeito e consideração pelos outros também podem ser aprendidos desde cedo. Todos nós temos um lado sombrio e um lado luminoso, que pode ser ampliado.

É importante, também, entender que o comportamento violento é uma linguagem a ser decodificada. Em uma escola estadual situada em uma comunidade com alto índice de violência, os alunos invadiram a sala dos professores e sujaram todas as paredes com uma mistura de ketchup e fezes; os professores se sentiam intimidados e ameaçados pelos alunos e a diretora batia de frente com a equipe. Mas todos desejavam uma escola com um ambiente favorável para conviver, trabalhar e aprender. Qual o significado dessas agressões? Que pedidos implícitos estavam codificados com essa linguagem? De que outro modo as necessidades dos diferentes participantes poderiam ser satisfeitas?

O *bullying* sempre aconteceu em todas as escolas: por muito tempo, foi considerado "brincadeira de crianças", algo natural e inevitável, acreditando-se que os adultos não deveriam dar maior importância a essas manifestações. É semelhante ao que tradicionalmente acontecia na educação dos filhos: também era visto como natural que os pais se achassem no direito de xingar, espancar e cometer outras formas de violência para "endireitar" as crianças rebeldes. Há algumas décadas, no Brasil, professores também eram autorizados a utilizar castigos físicos com alunos indisciplinados: eu mesma, com seis anos, fiquei ajoelhada no milho com o rosto voltado para a parede no meu primeiro dia de aula porque desobedeci a uma ordem da professora! Infelizmente, em alguns países, a prática do castigo físico ainda é considerada um instrumento válido para disciplinar os alunos.

Atualmente, no Brasil, quando os pais espancam os filhos ou são verbalmente abusivos podem ser denunciados e vão parar nos Conselhos Tutelares, como autores de violência intrafamiliar que precisam ser tratados para se conscientizar do direito das crianças a serem educadas com amor, respeito e firmeza carinhosa, com limites bem colocados. Em casos extremos, por sentença de um juiz da Vara da Infância e da Juventude, os filhos podem ser retirados do convívio com os pais agressores e permanecer durante um tempo aos cuidados de outra família (em programas como, por exemplo, o da Família Acolhedora). Enquanto isso, os pais são atendidos por uma equipe de profissionais que os ajudam a sair do circuito da agressão e a aprender maneiras eficientes de educar os filhos sem violência. Infelizmente, em alguns países, o castigo físico violento ainda é considerado um direito dos pais para educar seus filhos.

Com o *bullying* está começando a acontecer algo idêntico: começa a ser visto como uma coisa séria, e não como uma brincadeira sem maiores consequências. É preciso trabalhar o conceito de que "agressão não é diversão". Condutas repetitivas de perseguição implacável, mensagens difamadoras e depreciativas, agressões físicas ou verbais não são aceitáveis.

A lenta mudança do olhar também está ocorrendo na entrada na universidade: em muitas, o temido "trote dos calouros" é um ritual de agressões e humilhação que, em alguns casos, chegou a provocar ferimentos graves, deformações (por ácido jogado no rosto e no corpo de alguns calouros) e até mesmo a morte por espancamento. Como acontece no *bullying*, as vítimas do primeiro ano de faculdade tornam-se os algozes do novo grupo de calouros. Estes se submetem pelo medo de sofrer agressões ainda piores se faltarem aos primeiros dias de aula para fugir do trote, ou por temerem não ser aceitos pelo grupo. Algumas faculdades assumiram a postura necessária: considerar os trotes violentos e humilhantes como condutas inaceitáveis e instituir o "trote solidário", que consiste em organizar gincanas e propor tarefas aos calouros para angariar donativos a serem direcionados para instituições que atendem pessoas necessitadas, juntamente com atividades que estimulam a integração entre novos e antigos alunos. O ritual de iniciação de uma nova etapa de vida não deve ser sádico, pode beneficiar a todos. Escolas e faculdades podem, no ato da matrícula, estabelecer um contrato de convivência no qual se explicita que episódios de *bullying* e quaisquer outras condutas abusivas não serão tolerados.

Portanto, as "surras educativas" e as "brincadeiras de criança" passaram a ser olhadas como padrões de relacionamento violento que podem deixar marcas dolorosas no desenvolvimento de crianças e adolescentes. Os antigos ditados "em briga de marido e mulher ninguém mete a colher", "é de pequenino que se torce o pepino", já não se aplicam de modo tão genérico. A proteção aos direitos da criança e do adolescente e a violência contra a mulher falam mais alto do que o "respeito à privacidade alheia" quando os episódios de agressão transgridem as leis. Passou a ser um dever do Estado coibir a violência nas relações familiares, na medida em que isso constitui uma grave violação dos direitos humanos. A violência é um problema de saúde pública e não apenas um problema particular. Todos nós temos o direito de ser tratados com carinho, respeito e consideração e o dever de tratar os outros da mesma forma.

O reconhecimento do *bullying* como um padrão de relacionamento violento que precisa receber tratamento adequado deu margem a projetos de lei que já foram sancionados em alguns estados e municípios brasileiros, prevendo políticas públicas contra o *bullying* nas escolas estaduais e privadas.

No entanto, ainda há um longo caminho a percorrer nessa mudança do olhar. Muitos ainda estão com os olhos fechados, sem querer perceber o que está acontecendo com o padrão de violência presente nas escolas, que reflete o que se passa em outros contextos. Afirmam: "Na minha escola, não existe *bullying*", ao passo que, na conversa com os alunos, há relatos de inúmeros episódios que nem são mencionados porque "ninguém faz coisa nenhuma com isso".

Antes de eu dar início a uma palestra sobre *bullying*, uma professora veio pedir para tirar uma foto comigo e comentou que estava ali apenas pela curiosidade de saber mais sobre *bullying*, embora isso não ocorresse na escola em que trabalha, em uma tranquila cidade do interior da Bahia. No entanto, após a palestra, voltou a falar comigo, emocionada: "Professora, depois de todos os casos que a senhora contou, mudei meu olhar. Percebi que essas coisas acontecem na minha escola, sim! Estou saindo da palestra com muitas ideias sobre como poderemos agir".

Muitos pais também fecham os olhos e os ouvidos quando seus filhos querem falar sobre o sofrimento causado pelos ataques, ou quando alguém reclama que o filho deles é um agressor. Outros entreabrem os olhos, ficam perplexos e tornam a fechá-los: "Como não sei o que fazer com isso, acho melhor nem tomar conhecimento!". Fingem que não estão vendo. Nas palavras de uma diretora de ensino: "São raros os professores que se motivam para implantar um programa *antibullying*, a maioria se finge de morta".

Ao perceber esse fechamento, crianças e adolescentes sofrem *bullying* em silêncio, por medo de serem desacreditados, de não serem compreendidos ou de estimular retaliações, e por vergonha de serem criticados por não conseguirem reagir às agressões.

Os olhos fechados são poderosos para negar as evidências e impedir que as providências necessárias sejam tomadas. Quantos casos de abusos praticados por pessoas da própria família se perpetuam por conta da "lei do silêncio" e da cumplicidade com o agressor? Muitas crianças e adolescentes passam anos sofrendo abusos sexuais praticados por pais, padrastos, tios, avós e outras pessoas que, em princípio, deveriam protegê-las, e se calam por conta do medo de serem desacreditadas ou ameaçadas pelos agressores. E as outras pessoas que, embora convivam com a vítima, fecham os olhos e nem sequer percebem o que está acontecendo? Ou percebem, mas se imobilizam por medo da intimidação, ou por achar que nada podem fazer para colocar um ponto final nessa violência? E quantos pais se surpreendem quando os filhos já estão se destruindo com o uso de drogas, como se nunca tivessem percebido os sinais? Quantos casais prosseguem em relacionamentos profundamente violentos, em que um abusa do poder sobre o outro, desqualificando, batendo, ameaçando, e a pessoa agredida insiste em dizer que é feliz no casamento, que é uma questão de aturar o "gênio forte" do marido (ou da esposa), preferindo não enxergar a gravidade da situação em que se encontra?

Para muitas pessoas, efetuar mudanças significativas é algo assustador: preferem se anestesiar para não sentir o sofrimento, cegar-se diante das evidências dos maus-tratos e se imobilizar na situação insatisfatória por medo de piorar, se mudar ("ruim com ele, pior sem ele"). Nem percebem que esse engessamento empobrece seus recursos para lidar com os desafios da vida e impede a descoberta de suas próprias forças de superação das dificuldades.

Efetuar mudanças dá trabalho: muitos acabam se acomodando na "zona de conforto", mesmo que já tenha deixado de ser confortável. Há quem prefira sofrer restrições terríveis para não abrir mão de ganhos importantes: crianças e adolescentes que se submetem às exigências absurdas do colega que é o líder opressor da turma porque não querem perder o privilégio de pertencer ao grupo dos "escolhidos" e exercer algum poder, mesmo tendo que obedecer cegamente ao "chefe". Adultos, podem conservar esse padrão de submissão sofrida a chefes ou cônjuges autoritários e desrespeitosos, pelo medo de não conseguirem um emprego melhor ou um relacionamento afetivo em que sejam amados de verdade.

Porém, quando decidimos encarar o desafio da mudança, assumimos uma postura proativa diante da vida. Mudar a maneira de olhar é o primeiro passo para iniciar mudanças significativas, mas, para isso, primeiro é preciso abrir os olhos e perceber outros ângulos da situação em que nos encontramos. A partir daí, poderemos partir para ações que conseguem transformar dificuldades em oportunidades, problemas em recursos, obstáculos em caminhos.

4. *Cyberbullying*: o mau uso da tecnologia

- No dia seguinte à sua festa de aniversário, Laura, 11 anos, estava arrasada: a imensa maioria dos colegas faltou. Na segunda-feira, ficou desesperada ao descobrir que duas meninas que a odeiam combinaram com a turma toda, em um *site* de relacionamento, "destruir a festa" porque a acham boba e chata.
- Com Guilherme, 10 anos, aconteceu algo parecido: pelo computador, todos os meninos da turma combinaram um jogo de futebol e o deixaram de fora. Magoado, pediu à professora para dizer aos colegas como ele tinha se sentido, estimulando-os a se colocar no lugar dele. A maioria dos meninos acabou lhe pedindo desculpas.
- Em uma festa de fim de ano da escola, muitas fotos e filmes foram feitos pelos celulares. Em uma delas a professora Eugênia aparece abraçada com o professor Vitor, ambos sorridentes no clima alegre da confraternização. Luís Roberto, 14, postou a foto na internet com legendas que sugeriam o início de um romance. Esse episódio gerou uma grande confusão

com a esposa de Vitor, que se sentiu envergonhado e indignado com os comentários que correram soltos pela escola.

- "A gente acha que tem amigos de verdade e, de repente, descobre que não é bem assim" – Melissa, 15 anos, começa seu depoimento em uma conversa com alunos e professores de uma escola. Havia entrado em uma nova escola, tentando aproximar-se de uma menina "popular" da turma, que fingiu interessar-se por ela para difamá-la por um *site* de relacionamentos.
- Maria Fernanda, 14, por ingenuidade, meteu-se em uma situação constrangedora: "O menino mais lindo da escola de repente se aproximou de mim pelo computador, usando a câmera, e eu me iludi achando que ele estava me paquerando. Estávamos trocando mensagens tarde da noite, eu já de camisola e ele me elogiando, dizendo que eu sou linda, com um corpo maravilhoso e acabou me pedindo para levantar a camisola e mostrar meus seios. E eu, boba, acreditei que ele estava se amarrando em mim, acabei fazendo o que ele pediu. E o desgraçado fotografando tudo. Na segunda-feira, quando cheguei à escola, todo mundo estava rindo de mim, porque ele espalhou a minha foto para a turma toda. Eu morri de vergonha, não sabia onde enfiar a minha cara!".
- "Mas ele é um menino perfeito, nunca se meteu em confusão!". Os pais e os professores de Oscar, 12 anos, jamais pensariam que ele, tão bem-comporta-

do, fosse o autor de ataques cruéis de *cyberbullying*, sendo descoberto por um amigo da vítima.

- "Eu odeio a Eduarda" foi uma comunidade criada em um *site* de relacionamentos por uma menina que a invejava por ser atraente para os meninos do colégio. Isso seria motivo para a chamar de "metida e nojenta", inventar fofocas e arregimentar seguidoras para atacá-la.
- Os pais de Marcos, 16 anos, ficaram chocados quando o encontraram quase morto em seu quarto, após ingerir uma grande quantidade de soníferos. Socorrido a tempo, recuperou-se e revelou, com muita dificuldade, seu desespero: o sofrimento pelo término do namoro se somou a uma vergonha insuportável quando a menina colocou na rede de relacionamentos comentários maldosos sobre sua sexualidade.
- João Paulo conseguiu descobrir a senha de Carlos, um dos melhores alunos da turma e muito querido pelos colegas. Fazendo-se passar por ele em um *site* de relacionamentos, mandou mensagens altamente ofensivas, criando uma situação muito embaraçosa para o colega.

O *cyberbullying* é a prática da crueldade *online*. Com o rápido desenvolvimento da tecnologia, os agressores passaram a criar muitas outras formas de atormentar suas vítimas. A pessoa que, em um momento, é agressor, no momento seguinte pode tornar-se vítima, porque também passa a ser atacada.

O *cyberbullying* caracteriza-se por ataques usando mensagens de texto do celular, câmeras, ou o computador por meio de redes sociais, *sites* de vídeo, e-mails com o objetivo de depreciar, humilhar, difamar, fazer ameaças e aterrorizar uma pessoa ou um grupo escolhido como alvo.

Os membros da "geração digital" estão familiarizados com a tecnologia desde os primeiros anos de vida. Como a utilizam individualmente ou em grupo? De modo responsável e benéfico ou para potencializar agressões? "Vai ter briga amanhã, na saída da escola" é uma mensagem que circulou entre duas turmas rivais, atraindo um enorme grupo de espectadores e preocupando professores e funcionários da escola. A briga de hora marcada é amplamente divulgada pelos *sites* de relacionamento e mensagens de texto dos celulares. Por outro lado, jovens ativistas sociais estão utilizando os mesmos recursos para atrair multidões em torno de causas cujo objetivo é melhorar a qualidade de vida e de lutar por justiça.

Nos ataques presenciais do *bullying*, a repetição é marcante, e é um dos elementos que diferenciam o *bullying* de algumas brincadeiras de mau gosto. No *cyberbullying*, ataques poderosos e destrutivos podem ser feitos sem a característica da repetição, porque entra aí outro elemento que produz efeitos devastadores: a rapidez da propagação da mensagem que, em poucos minutos, atinge uma plateia de proporções incomensuráveis que potencializa dramaticamente os sentimentos de vergonha e humilhação que fazem com que tantas vítimas se sintam sem saída, a ponto de tentarem o suicídio, como aconteceu com Marcos. A dor da rejeição e do abandono provocada por um namoro rompido já é suficientemente grande: quando isso é anunciado pela rede, a pessoa é publicamente humilhada e isso se torna insuportável.

Outra diferença importante é que, no ataque presencial, o autor é conhecido; no *cyberbullying*, pode acontecer que o agressor nunca esteja no mesmo espaço físico que sua vítima e consiga permanecer anônimo por muito tempo, atacando em momentos inesperados, por vezes de madrugada, sobressaltando a vítima que está dormindo. A própria casa ou o quarto aconchegante deixam de ser um lugar seguro. A impressão é de um atentado terrorista: a face do inimigo está oculta, não se sabe quem é, e nem quando ou de onde partirá o ataque seguinte. Será um garoto ou uma garota? Será um grupo que se articula fingindo ser um só personagem? Mais velho ou mais novo? É alguém conhecido, um falso amigo, um total desconhecido? Frequenta os mesmos ambientes? "Se não sei quem é o meu inimigo, como posso me defender?" – pergunta Luciana, 15 anos, angustiada.

No *bullying*, o agressor pode observar ao vivo e a cores as reações da vítima; no *cyberbullying*, apenas imagina e, com frequência, não consegue relacionar a crueldade de seus ataques com a repercussão na vida de quem está sofrendo tamanha perseguição, apesar de sentir prazer em provocar sofrimento. Quando perguntados por que agem dessa forma, muitos agressores dizem que foi só uma brincadeira ou simplesmente que não sabem por que fizeram isso. Porém, sustentados pela crença de que poderão permanecer no anonimato, os autores perdem os freios morais, se desinibem de tal forma que fazem agressões muito mais pesadas do que ousariam fazer cara a cara com as vítimas.

Outra diferença marcante é que a relação desigual de poder que caracteriza o *bullying* nem sempre existe no *cyberbullying*: crianças e adolescentes podem atacar professores; o menino franzino e tímido que apanha dos valentões pode "crescer" mais do que eles no espaço cibernético e fazer um grande estrago!

Portanto, quando a tecnologia passou a ser usada como meio de agressão, os efeitos devastadores sobre as vítimas aumentaram significativamente: no *cyberbullying*, além da extensão de propagação das mensagens, a perseguição implacável por meio do celular, dos *sites* de relacionamento e dos *sites* de vídeos pode acontecer 7 dias por semana, 24 horas por dia, em qualquer lugar. Não há mais refúgio em que a pessoa possa se sentir protegida dos ataques, nem mesmo em sua própria casa, em seu espaço de privacidade. Isso é desesperador!

Quais as formas mais comuns de *cyberbullying*?

O que predomina são os insultos baseados em preconceitos e práticas discriminatórias referentes à etnia, orientação sexual e gênero. Criar comunidades "eu odeio" em *sites* de relacionamento, como aconteceu com Eduarda e também com a professora Leny, diretora de uma escola na qual alguns alunos, cujas famílias os deixam muito soltos, criaram a comunidade "eu odeio minha diretora" para se queixarem da disciplina escolar; inserir comentários maldosos em fotos tiradas em determinado contexto para sugerir situações comprometedoras, como fez Luís Roberto com seus professores (sim, educadores e funcionários das escolas sofrem ataques de *cyberbullying* por parte de alunos e ex-alunos); xingar, ameaçar, espalhar fofocas e boatos por mensagens de texto para ofender, depreciar, humilhar ou difamar alguém; divulgar fotos ou vídeos obtidos em momentos de intimidade, sem o conhecimento ou a autorização da pessoa, como vingança, com a intenção de envergonhá-la ou de destruir sua reputação, como aconteceu com Maria Fernanda; filmar com o celular várias cenas, editar e montar um roteiro em que a pessoa atacada apareça como personagem de um enredo constrangedor; roubar a senha de alguém e fazer-se passar por essa pessoa enviando mensagens ofensivas ou introduzindo mudanças desfavoráveis em seu perfil nos *sites* de relacionamento.

Há também os "concursos hostis" que percorrem listas enormes de participantes que votam para escolher os "vencedores": "Quem é a garota mais sacana da escola?"; "Quem é o cara mais idiota da turma?". Os votos, com frequência, são complementados por comentários depreciativos, insultos e ameaças.

É essencial a parceria eficaz entre família, escola, organizações governamentais (como o Ministério Público) e entidades da sociedade civil para reduzir a incidência do *cyberbullying*: esses ataques são mais comumente feitos no computador da casa ou das *lan houses*, mas se refletem dentro da escola. Educadores e pais precisam se unir para transmitir a crianças e adolescentes os fundamentos do uso saudável e responsável dos crescentes recursos da tecnologia, bem como alertá-los claramente sobre os perigos que rondam os *sites* de relacionamento e os jogos interativos. Expor fotos, exibir-se pela *webcam*, fornecer dados e detalhes da vida pessoal aumenta significativamente o risco de ser trapaceado, ameaçado ou explorado por pessoas que se aproveitam da ingenuidade e da credulidade das vítimas. Muitos que fingem ser "amigos virtuais" são criminosos que sabem seduzir, envolver e encantar as vítimas.

Quem agride usando a tecnologia? Pode ser o mesmo autor de *bullying* que ataca explicitamente na escola, intimidando e ameaçando colegas, amealhando seguidores para exercer sua capacidade de liderança e aumentar seu poder. Com os recursos tecnológicos, amplia seu raio de ação, aumentando o desespero das vítimas. Pode ser a líder popular que cria um blog de fofocas, fotografando e filmando colegas e professores na escola para colocar no ar comentários temidos. Por outro lado, acreditando que podem se esconder no anonimato da rede, alguns adolescentes tímidos, de temperamento reservado, quase invisíveis para colegas e professores, liberam seus impulsos agressivos transformando-se em "monstros da internet", como aconteceu com Oscar. A "face oculta" pode acabar revelada por pequenos deslizes ou por uma pesquisa de um especialista em segurança de informação que, chegando ao IP (*Internet Protocol*) do computador do usuário descobre o autor dos ataques. Por isso, é muito importante que pais e educadores expliquem às crianças e aos adolescentes que nem sempre é possível permanecer anônimo na rede.

Os agressores podem até ser os amigos que frequentam a casa da vítima! Sara, uma mãe aflita, me escreveu o seguinte e-mail: "Meu filho deu sua senha de um *site* de relacionamentos para um amigo da turma que vem para nossa casa quase todos os fins de semana para que ele o ajudasse a 'mudar de fase' em um jogo oferecido pelo *site*. Mas o menino acabou alterando o perfil, dizendo que meu filho é *gay*, e colocando comentários hostis nas comunidades 'eu odeio', criadas para atacar professores da escola. Além de tudo isso, trocou a senha, impedindo que meu filho acessasse sua própria página!".

Muitos adolescentes não sabem que o *cyberbullying* é crime: a vítima pode imprimir mensagens de texto contendo ameaças ou difamação, fotos adulteradas ou capturar vídeos ofensivos e procurar uma Delegacia de Repressão aos Crimes de Informática (DRCI), que existe em algumas das grandes cidades brasileiras, para dar queixas dos crimes virtuais. Nos boletins de ocorrência dessas Delegacias são muito comuns as queixas de crimes contra a honra (injúria, calúnia e difamação): apesar de esses atos terem sido praticados no mundo virtual, a punição é idêntica à prevista quando os crimes são praticados no mundo real.

Além de imprimir, convém deixar as mensagens no computador para facilitar o rastreamento que poderá revelar a origem (o número de identificação do computador que gerou a mensagem, que possibilita descobrir o provedor de internet utilizado pelo agressor; com isso, a polícia pode pedir o cadastro à empresa para que o criminoso possa ser localizado e responder pelos seus atos). Em *sites* de relacionamento e de vídeos, é possível solicitar a retirada do conteúdo ofensivo, embora nada impeça que o agressor o recoloque. É muito importante que as escolas trabalhem o tema do *cyberbullying*, dando os esclarecimentos pertinentes sobre os aspectos legais. Isso faz com que agressores em potencial pensem duas vezes antes de praticar esse tipo de ação.

5. As raízes: preconceito e discriminação

Vivemos em um mundo cada vez mais interligado e interdependente: os recursos da tecnologia nos permitem acompanhar os acontecimentos de todo o mundo em tempo real; temos acesso a inúmeras informações de como vivem outras pessoas em seus respectivos contextos; podemos trocar mensagens instantâneas com "amigos virtuais" em qualquer ponto do planeta e formar gigantescas redes sociais, organizando grupos que trocam ideias e informações sobre interesses comuns; os crescentes fluxos migratórios e a mobilidade de trabalho em diferentes países estimulam o convívio com pessoas de diversas origens, com visões de mundo bem divergentes.

Toda essa revolução tecnológica precisa ser acompanhada por uma revolução da consciência: a de que somos uma grande família humana, com cerca de seis bilhões de membros, habitando uma única casa coletiva, o planeta Terra. O olhar sistêmico mostra que temos condições de nos enriquecer com a diversidade; harmonizar as diferenças entendendo que nem sempre resultam em incompatibilidade;

lidar com os conflitos que surgem das divergências para aproveitá-los como oportunidades de criar soluções satisfatórias para ambas as partes.

O grande desafio de pais e educadores no século XXI é contribuir para que crianças e adolescentes da nova "geração digital" cresçam capazes de fazer essa revolução necessária, fundamentada na ética de cuidar bem de si mesmos, dos seus relacionamentos e do ambiente em que vivem. A geração que já nasceu imersa no cenário das redes que interligam tudo e todos precisa desenvolver o olhar sistêmico, percebendo as sutis e complexas interconexões que formam a delicada teia da vida, que é preciso respeitar para tentar reverter o cenário desolador de degradação ambiental, desigualdade de condições e injustiça social.

Esses são os pilares da cultura da paz, a ser construída com paciência e tenacidade, na família, na escola e na comunidade, aproveitando os pequenos momentos do cotidiano para consolidar os valores fundamentais do convívio: respeito, compreensão, solidariedade, cooperação. Isso é essencial para conviver bem com as diferenças, integrando-as, encontrando a semelhança de humanidade nas diversas etnias, origens geográficas, orientações da sexualidade, credos religiosos. É isso que contribuirá para que crianças e adolescentes cresçam com maiores possibilidades de reduzir os episódios de violência e de discriminação que acontecem não só contra eles, como também entre eles, e que estão muito entranhados no tecido social.

Sobrecarregados com múltiplas tarefas e compromissos, há momentos em que nós, na função de educadores e de pais, nos sentimos cansados e desestimulados. Educar para a paz nos parece uma gota no oceano, diante das grandes dificuldades, anunciadas pelos meios de comunicação e presenciadas no cotidiano, que refletem as várias faces da violência na sociedade e que se manifestam na família, na escola, na comunidade. Violências explícitas e veladas, que revelam parcos recursos para lidar com os conflitos inevitáveis de modos mais eficazes e um olhar estreitado por preconceitos, resultando em práticas discriminatórias que impedem a visão respeitosa da totalidade das pessoas.

Apesar das dificuldades, é nossa missão enfrentá-las e superá-las desenvolvendo novos recursos, em vez de nos queixarmos das condições precárias e insistirmos em fazer "mais do mesmo", resistindo a deixar de lado estratégias que já se mostraram ineficientes. Mudar dá muito trabalho, sim! No entanto, escolhemos construir a paz cuidando bem de alunos e de filhos. Por mais difícil que isso nos pareça, é preciso continuar cultivando a firme determinação de transformar obstáculos em caminhos.

Por onde começar? Sem dúvida, por nós mesmos. Não é possível ampliar o campo de reflexão dos outros sem olhar o nosso. Vivemos em uma sociedade que, em muitos aspectos, é violenta, preconceituosa e excludente. É inevitável que, em alguma proporção, isso fique internalizado em cada um de nós, até sem nos darmos conta desses processos. Então, vale pensar: em que circunstâncias somos violentos? Queimamos com fogo, com gelo? De modo explicitamente bélico ou sorrateiro, velado, tentando disfarçar as agressões com ironias, brincadeiras, piadas e palavras preconceituosas, ações de exclusão ou omissão como espectadores de violência, quando nada fazemos para impedi-la ou mitigá-la? Discriminamos pessoas pertencentes a grupos minoritários, camadas economicamente menos privilegiadas ou categorias profissionais desvalorizadas a ponto de passarmos por elas como se fossem invisíveis, condenando-as à morte social? Quais os tipos de discriminação que praticamos ou que sofremos?

Discriminamos a nós mesmos, quando nos recusamos a aceitar algumas características nossas que se encaixam nos preconceitos sociais. Eu mesma, quando adolescente, brigava com meu cabelo que hoje deixo naturalmente crespo. Mas, na época, era visto como "cabelo ruim" e eu cheguei até a passá-lo a ferro para o alisar! Quantas adolescentes e mulheres adultas se excluem de algumas atividades sociais porque sentem vergonha de mostrar o corpo acima do peso?

Utilizamos práticas discriminatórias quando passamos a ocupar uma posição em que temos mais poder? Há profissionais que se queixam de colegas que, ao ocupar cargos de coordenação e de diretoria, passam a perseguir, excluir e desvalorizar seus subordinados. Esse abuso de poder costuma ser alimentado por sentimentos subjacentes de insegurança e medo de que algum funcionário se destaque e coloque em perigo sua posição recém-conquistada.

Em 2009, a Fundação Instituto de Pesquisas Econômicas (FIPE) realizou uma extensa pesquisa sobre preconceito e discriminação no ambiente escolar em 501 escolas brasileiras, entrevistando 18.500 alunos, pais e profissionais de educação. Constataram que 99,9% dos entrevistados desejam manter distância de grupos sociais comumente escolhidos como alvos de ações discriminatórias, notadamente os portadores de necessidades especiais, homossexuais, negros, ciganos, idosos e moradores de periferias. Os dados mostraram também que, embora nas escolas os alunos sejam o alvo preferencial das práticas discriminatórias, professores e funcionários também são vitimados.

A violência dos preconceitos e da discriminação: é essa a raiz principal dos episódios de *bullying* e de *cyberbullying*.

– Meus colegas me xingam de neguinha e dizem que eu tenho cabelo de Bombril!

– Criaram uma comunidade no Orkut – "eu odeio a Ana Paula" – inventando fofocas a meu respeito e me bombardeando com insultos pelo celular!

– Os caras da minha turma dizem que vão me quebrar todo porque acham que eu sou *gay*!

– Meninos e meninas implicam comigo me chamando de baleia e não me deixam brincar com eles, sempre fico sozinha no recreio...

– Vim do Nordeste e o pessoal fica me zoando por causa do sotaque e nem me convidam para as festas da turma...

– Quando era menino, eu tinha um problema neurológico que me dificultava a locomoção. Eu adorava futebol, mas só entrava no jogo quando o time estava incompleto e o pessoal me apelidou de perna de pau.

A dor da exclusão, da humilhação e da depreciação pode permanecer por muitos anos, prejudicando a autoestima; a angústia detonada pelas ameaças e pela intimidação aterrorizadora reflete-se em sintomas de fobia escolar e queda do desempenho, depressão, desespero e, em casos mais graves, tentativas de suicídio. Por outro lado, há histórias emocionantes de superação de pessoas resilientes que sofreram ataques pesados e persistentes e conseguiram "dar a volta por cima", acreditando em si mesmas.

Aprisionados nos preconceitos, enfatizamos indevidamente as características depreciadas e nos tornamos míopes para outros aspectos importantes das pessoas que discriminamos. Por que há apenas um tipo de corpo ou uma cor de pele valorizada em detrimento de outras? Por que regiões de um país são depreciadas e, com isso, todas as pessoas que se originam desses lugares também são? O que há de tão temido na própria sexualidade que gera ódio por quem segue outros caminhos do desejo? Que necessidade é essa de "brincar de gangorra", colocando os outros lá em baixo para se sentir por cima?

Vivemos em um país com uma enorme diversidade de paisagens, ecossistemas, culturas regionais que apresentam uma rica aquarela musical, literária, gastronômica. E o Brasil faz parte de um mundo igualmente multifacetado. Sair do olhar empobrecido do preconceito e das ações discriminatórias nos permitirá celebrar a riqueza da diversidade e integrar as diferenças para aproveitar de modo mais integral a humanidade de todos nós.

6. Usando a internet com responsabilidade e autoproteção

- Mara, 15 anos, toma cuidado com a divulgação de material pessoal: só passa informações e fotos para amigos com os quais tem contato real e já construiu uma relação de confiança.
- Elisa, 17 anos, após ter conhecimento de uma história trágica de sequestro de uma colega de turma que aceitou encontrar-se com um bandido disfarçado de amigo virtual, passou a tomar muito cuidado em não fazer contato com desconhecidos.
- A duras penas, Ana Rosa concordou em dar sua senha de um *site* de relacionamentos para sua mãe e, juntamente com ela, monitorar os novos pedidos de amizade. O acordo foi feito quando a mãe verificou que a garota aceitara quase 400 "amigos" em apenas duas semanas, a maioria dos quais desconhecidos e, além disso, havia mensagens de colegas ameaçando-a de "tapas na cara" por ela ter brigado com sua melhor amiga.

- Leonel participou do projeto de uma ONG sobre novas mídias e, juntamente com outros colegas, passou a organizar um jornal eletrônico focalizando problemas da comunidade em que vive para mobilizar os integrantes em sua resolução.
- Em um fim de semana em que "viajou" pelas fotos antigas da família, Ana Carolina pediu à avó para selecionar as mais significativas, escaneou e deu um tratamento caprichado em cada uma delas, organizou um álbum digital e distribuiu como presente de Natal para todos os seus parentes. Estes ficaram ainda mais encantados com sua ideia de organizar um blog para compartilhar histórias da família contadas por membros de várias gerações.

É inegável que a internet tem tido uma importância crescente na vida social e intelectual de crianças e adolescentes: a "geração digital", ao que parece, cresce com um cérebro um pouco diferente do das gerações anteriores em que o "informatiquês" foi aprendido mais tarde, e transita com naturalidade pelo espaço cibernético, totalmente incorporado ao seu espaço vital. Com a ampliação dos recursos tecnológicos, que geraram aparelhos mais sofisticados, fáceis de usar e comercializados a preços mais acessíveis, crianças e adolescentes conseguiam fazer coisas impensáveis no final do século passado, como filmes, edição de fotos e composições musicais, abrindo novos caminhos para criar, se conectar e compartilhar conhecimentos.

O ciberespaço é uma gigantesca praça pública que possibilita encontros de pessoas de qualquer lugar do mundo, podendo contribuir para a melhoria das habilidades de comunicação, além de facilitar enormemente o compartilhamento de informações sob forma de textos, vídeos, música, instrumentos de pesquisa, jogos e infinitas formas de entretenimento. Funciona, também, como uma imensa vitrine para os criadores de conteúdo mostrarem e divulgarem seus trabalhos. Estimula a cooperação e a construção conjunta de conhecimento, como se vê nos *sites* "wikis" (o mais popular é a Wikipedia, a enciclopédia *online*), que os usuários podem acessar livremente e colaborar para agregar ou corrigir informações. Facilita a busca de conhecimento entre pares, por meio dos fóruns de trocas de ideias e de compartilhamento de sugestões, para resolver dúvidas em jogos mais complexos, em tratamento de fotos, edição de filmes, ou para aprofundar discussões sobre temas de interesse comum a um grupo de usuários.

Nos *sites* de relacionamento, podemos encontrar pessoas que compartilham os mesmos interesses, trocamos ideias, aprendemos coisas novas, reencontramos pessoas com quem havíamos perdido contato, conhecemos gente interessante, podemos enviar fotos, filmes e muitos outros conteúdos que nossa criatividade produziu para amigos e pessoas da família, em qualquer lugar do mundo. Mas é essencial respeitar os limites de idade colocados por alguns *sites* de relacionamento como medidas de proteção, em vez de criar um perfil falso, mentindo publicamente com relação à própria idade.

Nesse sentido, as redes sociais aproximam pessoas do mundo inteiro que se unem virtualmente para trocar conhecimentos sobre temas de interesse comum. Podem contribuir para fortalecer a percepção da semelhança nas diferenças culturais e sociais nos diversos países: somos uma grande família humana, com seis bilhões de membros, cada vez mais interligados e interdependentes, que podem se comunicar em tempo real, superando os obstáculos da distância geográfica.

Porém, ao lado de todas essas boas possibilidades, há os riscos sobre os quais é preciso ter clara consciência para construir uma autoproteção eficiente. A construção da percepção de risco acontece gradualmente no decorrer da infância e da adolescência e alguns adultos nem sequer chegam a completar esse processo: dizem que gostam de "viver perigosamente" e são "viciados em adrenalina". Nessa etapa do "pensamento mágico" a pessoa acredita firmemente que nada de ruim acontecerá com ela, mesmo se não tomar as devidas precauções (não vai sofrer um acidente se dirigir alcoolizado, em alta velocidade; não vai engravidar sem planejamento, nem pegar uma doença sexualmente transmissível se transar sem preservativo). Fica até com raiva de quem procura alertá-la quando está correndo perigo, como aconteceu com Ana Rosa que, desejando provar que é popular, aceitou todos os pedidos de "amizade" e se envolveu em situações que facilitaram o ataque de *cyberbullying*. No primeiro momento, ficou revoltada com o monitoramento da mãe e só depois entendeu que não estava se protegendo adequadamente.

Portanto, é comum que adolescentes apresentem comportamentos de risco e explorem sua sexualidade: isso, assim como o *bullying*, também acontecia antes da internet e dos celulares. A intensa produção hormonal a partir da puberdade, a imaturidade e a influência do grupo de amigos são fatores que se combinam na exposição a riscos, tanto no mundo real quanto no virtual. Por isso, é difícil, para os pais, a tarefa de equilibrar o monitoramento e o estímulo ao desenvolvimento da autoproteção. Mas vale lembrar que os pais são amorosa e legalmente responsáveis por seus filhos até que estes atinjam a maioridade. Isso é importante para evitar a confusão de conceitos, como aconteceu com Cássia, que, afirmando "respeitar a privacidade" da filha de 15 anos, permitia que ela se trancasse no quarto durante horas a fio, sem sequer lhe dar um "oi" ou participar das refeições com os pais e o irmão. Cássia chegava a ponto de implorar, por mensagens do computador ou celular, que a filha conversasse um pouco com ela. Não percebia que tanto "respeito pela privacidade" era, na verdade, um comportamento pouco protetor, até descobrir que a filha andava se encontrando com pessoas muito estranhas, que se apresentavam como amigos virtuais.

A Safernet Brasil (ww.safernet.org.br), uma ONG criada em 2005, dedica-se a divulgar um rico material que orienta crianças, adolescentes, educadores e pais a se protegerem contra os perigos da rede, estimulando seu uso saudável e responsável. Além disso, criou a Central Nacional de Crimes Cibernéticos (www.denuncie.org.br), que recebe denúncias anônimas sobre crimes e violações aos direitos humanos praticados pela internet.

Em 2009, essa ONG realizou uma pesquisa com 732 educadores e 2.159 alunos para conhecer as principais vulnerabilidades dos usuários e o que crianças e adolescentes pensam a respeito de "segurança na rede". Dos resultados, destacam-se os seguintes dados: 26% dos educadores conheciam casos de ataques de *cyberbullying* entre os alunos de suas escolas; 99% dos professores consideram dever da escola discutir medidas de segurança com seus alunos, embora 50% deles considerem que não dispõem de informações suficientes para realizar esse trabalho. Entre os alunos, 12% declaram ter namorado ao menos uma vez pela internet e 11% confessam ter publicado suas fotos íntimas, embora 33% reconheçam que conhecem amigos que já sofreram ataques de *cyberbullying*. Em outra pesquisa realizada em 2010, com 2.160 internautas entre 10 e 17 anos, a equipe da Safernet verificou que eles passam entre uma e três horas diárias conectados, sendo que 60% revelam que os pais não colocam limite nenhum quanto ao tempo de uso do computador.

Entre as recomendações da Safernet Brasil, destacam-se: evitar fornecer dados pessoais (nome completo, endereço residencial, escola em que estuda, telefone) em *sites* de relacionamento e em salas de conversa; não revelar sua senha (alguns jovens que iniciam o namoro revelam as respectivas senhas um para o outro como prova de confiança e, quando o namoro termina, um deles pode se vingar utilizando a senha do ex de modo inadequado); cuidado ao colocar fotos na rede, porque há o perigo de serem adulteradas de modo constrangedor; não repassar mensagens ou fotos ofensivas que irão ampliar ainda mais a ação dos agressores; não escrever comentários maldosos, mensagens difamatórias nem espalhar boatos que possam prejudicar outras pessoas e resultar em punições para quem envia esse tipo de mensagens. Ou seja: controle sua impulsividade, pense duas vezes antes de enviar uma mensagem!

As medidas de autoproteção nos casos de *cyberbullying* envolvem não responder às mensagens ofensivas (o que motiva o agressor a prosseguir com as provocações) e bloquear seu autor para futuros contatos no celular e no computador; é importante, também, gravar e-mails, conteúdos inadequados de comunicadores instantâneos em que o indivíduo foi indevidamente atacado e fotos adulteradas que foram usadas contra ele. Tudo isso são provas concretas, necessárias para apresentar queixa nas delegacias especializadas em crimes de informática. Para isso, é essencial contar o ocorrido a algum adulto de confiança para que sejam tomadas as providências necessárias.

A autoproteção eficaz envolve também o cuidado com o argumento: "Mas todo mundo faz isso!". Um comportamento não se torna aceitável só porque é praticado por um grande número de pessoas, e isso também não diminui os riscos envolvidos. Um exemplo é a disseminação da prática do *sexting* (combinação de fotos sensuais com mensagens eróticas pelo celular) entre adolescentes que se namoram, paqueram, ou são simplesmente amigos. Entre os argumentos utilizados por adolescentes encontramos: "É uma tática de sedução para conquistar o garoto que a gente quer namorar"; "A gente pede fotos sensuais da menina como um jeito de dizer que estamos a fim de ficar com ela!". No entanto, ex-namorados magoados ou enraivecidos, assim como amigos com atitudes inconsequentes, podem espalhar essas fotos pela rede, criando situações constrangedoras e totalmente fora de controle, sob o risco de até sofrer chantagens, como aconteceu com Clarissa, cuja foto foi parar nas mãos de um "amigo" virtual que ameaçou enviá-la a seus pais caso ela não se despisse para ele na *webcam*. É essencial conversar claramente sobre o fato de que, uma vez na rede, as fotos continuarão circulando indefinidamente. Daqui a cinco anos, ou menos, quem não se arrependeria de ter enviado essas fotos de modo tão impensado? E vale a reflexão: até que ponto estamos nos deixando enredar pela banalização da sexualidade nas propagandas e nos meios de comunicação? Quantas garotas concordam em se deixar fotografar nuas ou seminuas no anseio de agradar aos pretendentes, ser admiradas ou passar a imagem de "modernas" e "descoladas"? Qual a diferença entre ser "moderna" e ser vulgar, entre seduzir e se desrespeitar? Será que elas querem mesmo passar a imagem de "eu sou gostosa" em praça pública? Que admitem que garotos coloquem mensagens do tipo "quer transar comigo" no *site* de relacionamentos para todo mundo ver? Ou vão responder a perguntas íntimas do tipo "você ainda é virgem" para uma grande audiência, como se sua vida fosse um *reality show* da televisão? É difícil perceber o quanto o exibicionismo e a vaidade que resultam em excesso de exposição da nossa intimidade nos deixam vulneráveis!

Há muitos caminhos construtivos para utilizar os recursos de computadores e celulares. Quando se investe na capacidade das crianças e dos adolescentes como agentes de mudança, é possível encontrar terreno fértil para as sementes do ativismo social, como aconteceu com Leonel e seus colegas que, por meio do jornal e de outras ações de conscientização, conseguiram mobilizar pessoas da comunidade em que vivem para iniciar mudanças na busca de melhor qualidade de vida. O uso das redes sociais para disseminar conhecimentos e informações úteis também é um recurso precioso.

Nossa criatividade, assim como outras características pessoais, pode ser usada para o bem ou para o mal. Os recursos da tecnologia são meios de expressão pessoal. Henry Jenkins, que fala sobre o universo transmídia (que abrange várias mídias por meio das quais as pessoas pensam e consomem conteúdos velozes espalhados por todos os meios de comunicação atuais), menciona o conceito de mídia "espalhável": quando usada para o mal é uma destruição em massa – boatos, fotos adulteradas podem ser propagadas de modo tão extenso que fogem a todo e qualquer controle. E o poder desse universo para disseminar boas práticas?

Quais são as boas ideias que podemos desenvolver? Muhammad Yunus, economista que recebeu o Prêmio Nobel da Paz, em 2006, por seu trabalho para a erradicação da pobreza no mundo, diz que a tecnologia é como um automóvel: é o motorista quem decide para onde vai conduzi-lo. Além de criar uma poderosa rede mundial de microcrédito (o Banco Graamen), propôs a criação de "negócios sociais", redes solidárias criadas para mudar a maneira de fazer negócios segundo os princípios do capitalismo social. Para elas, o mais importante é o desenvolvimento das pessoas e das comunidades em que vivem, e não apenas o lucro dos acionistas e dos dirigentes das empresas. Com o olhar inovador, Yunus considera que a pobreza não é um problema apenas dos pobres, mas de toda a sociedade: essa mudança de olhar conduz a caminhos diferenciados de ações. Ele é uma das muitas pessoas que utilizam a criatividade e a tecnologia para resolver problemas sociais e mudar a face do mundo.

O Comitê para Democratização da Informática (CDI) iniciou suas atividades em 1995, no Brasil, e já está presente em mais de uma dúzia de países, usando a tecnologia para reduzir a desigualdade social e formar empreendedores sociais. Boas ideias, até mesmo de campanhas, podem ser lançadas em *sites*, blogs, microblogs e outros recursos da rede por formadores de opinião e empreendedores sociais, para serem disseminadas em pouco tempo para um número enorme de pessoas. Em 2010, o CDI lançou a campanha "Todo mundo pode mais", incentivando o relato de experiências de superação de dificuldades para mostrar que, quebrando barreiras e encarando desafios, qualquer um de nós pode ser agente de transformação, não só de nós mesmos como também de pessoas com quem nos relacionamos, ou de comunidades nas quais vivemos. É perfeitamente possível usar o imenso potencial da tecnologia para, ao criar um projeto de impacto, transformar vidas.

Muitos membros da "geração digital" tornam-se, desde cedo, "cidadãos digitais" competentes, conscientes de seus direitos e deveres no uso ético dos recursos da tecnologia.

Parte II

7. Como perceber que alguém está sendo vítima ou é autor de *bullying* e *cyberbullying*?

O bebê, antes de aprender a falar, se expressa pelo choro, por expressões faciais e por movimentos do corpo. A riqueza da comunicação não verbal continua quando crescemos, porém, quando focalizamos prioritariamente o que está sendo expresso por palavras, deixamos de perceber o conteúdo mais importante da mensagem: mudanças de comportamento, modo de olhar, postura corporal e outros sinais podem revelar o que efetivamente está acontecendo. Portanto, o esforço que os pais fizeram para "decodificar" a comunicação não verbal quando o filho era bebê não deve ser deixado de lado: em outras épocas da vida essa sensibilidade vai iluminar o que está sendo oculto pelo silêncio ou pela dificuldade de colocar em palavras os problemas vividos pela criança e pelo adolescente.

É importante ficar atento para mudanças de comportamento que podem sinalizar a ocorrência de algo importante e perturbador. Nos primeiros anos escolares, a criança que se sente intimidada ou excluída nem sempre consegue colocar em palavras o que se passa em seu íntimo. Ocasionalmente, relata episódios que a deixaram chateada para a empregada da casa ou para os avós, sem nada mencionar a seus próprios pais; às vezes, expressa sua inquietação nos desenhos e por meio de brincadeiras em que bonecos ou bichinhos revelam o que a própria criança está sentindo. Por isso, muitos pais se surpreendem quando a criança se queixa de dores e mal-estar, implorando para faltar às aulas, ou chora convulsivamente quando chega a hora de ir para a escola.

As mudanças de comportamento "falam" aquilo que não está sendo expresso por palavras também na adolescência. Os pais de Maria Eugênia, 16 anos, ficaram preocupados quando perceberam que ela se trancava no banheiro após todas as refeições e evitava programas sociais com seus amigos. Quando lhe perguntaram o que estava acontecendo, negou qualquer problema. Porém, vendo sua página em um *site* de relacionamentos, os pais descobriram mensagens do tipo "sua vaca, você está gorda e, por isso, merece morrer!". Maria Eugênia, na verdade, estava provocando vômitos depois de comer com a esperança de emagrecer e, assim, livrar-se das críticas ameaçadoras das colegas.

Quais os sinais mais comuns de que a criança e o adolescente estão sofrendo ataques de *bullying* e/ou de *cyberbullying*?

As principais manifestações são: perturbação ao ler uma mensagem de texto no celular; ansiedade ao usar o computador, ou evitar usá-lo, ao contrário do habitual; dificuldade de concentração nas aulas, precisar de muito mais tempo para fazer as tarefas da escola e avaliação desfavorável nas provas; pedir para faltar às aulas e começar a se queixar de sintomas físicos (dor de cabeça, enjoo, dor de barriga) para não ir à escola ou para sair mais cedo; intensificação desse mal-estar no ambiente escolar , pedindo ou até mesmo implorando aos pais para trocar de turma ou de escola; volta da escola com sinais de ter sido fisicamente agredido, com roupas amassadas ou rasgadas, pertences quebrados ou roubados; pedir mais dinheiro para levar para a escola ou até mesmo pegá-lo às escondidas (provavelmente para submeter-se às chantagens do agressor ou para tentar aplacá-lo com agrados); mudanças de humor e comportamento mais agressivo, ficar irritadiço, arredio, angustiado ou deprimido; começar a se isolar, evitando o contato com os colegas; dificuldade para adormecer, acordar com pesadelos, perder o apetite ou, ao contrário, comer muito mais do que o habitual, por ansiedade. E, sobretudo, dar mostras de baixa autoestima.

Muitas crianças e adolescentes sofrem em silêncio, por vergonha de relatar o que está acontecendo: exigentes consigo mesmos, sentem-se incompetentes para resolver o problema por conta própria e temem ser criticados por não conseguirem enfrentar o agressor. Outros se calam por medo de que a situação fique ainda pior, por terem sido ameaçados ("se contar para alguém, vou te arrebentar todo!"; "vou espalhar para todo mundo o que eu vi você fazendo..."). Há quem nada diga por temer ser desacreditado ou ver seu problema minimizado ("Que bobagem ficar perturbado desse jeito, é só uma brincadeira!"; "Não é possível que isso esteja acontecendo, você deve estar imaginando coisas!"), ou, até, pelo medo de ser considerado culpado ("Alguma coisa você deve ter feito para eles perturbarem tanto!"). Evitar expor o problema para os pais também pode ser motivado pelo medo de que eles pensem que a melhor solução é deixar de usar o computador e o celular.

Evidentemente, proibir o uso do celular e do computador não é o mais indicado, nem culpar ou criticar o filho por estar passando por essa dificuldade, ou insistir para que ele faça coisas que estão fora de suas possibilidades ("Xingue também!"; "Se levou um tapa, dê dois! Afinal, você é homem ou não é?"). Nada disso ajuda!

É preciso abordar o problema com sensibilidade, falar sobre o que está sendo percebido quando as palavras ainda não estão sendo ditas, mostrar disposição para escutar e para pensar juntos algumas saídas eficazes. O medo, bem como a sensação de impotência e de desamparo, cresce quando a criança e o adolescente não encontram na família ou na escola adultos em quem possam confiar para revelar o que está acontecendo, com a segurança de que serão compreendidos. Sentir que poderão ser ouvidos com respeito e atenção encoraja a abertura e, com isso, aumenta a esperança de encontrar uma solução para o problema.

Quais os caminhos mais comumente utilizados para interromper os ataques de *bullying* e de *cyberbullying* logo no início?

Não responder ou ignorar os ataques iniciais (tais como implicâncias ou apelidos), em muitos casos, desestimula o autor a prosseguir: vendo que suas ações não surtem o efeito esperado, vai procurar outra pessoa que se impressione com seus ataques. No computador e no celular, não responder às mensagens e bloquear essa pessoa, retirando-a da lista de contatos. É possível aumentar as medidas de proteção buscando o contato com colegas mais receptivos, evitando ficar sozinho em locais em que possa ser mais facilmente atacado. Se possível, olhar com firmeza e dizer "Pare com isso, não quero ser tratado dessa maneira!", ainda nas primeiras tentativas de zoação ou de apelidos depreciativos; concordar com o comentário pode desarmar o agressor ("Sim, eu sei que estou acima do peso."), assim como detalhar perguntas que podem desconcertá-lo ("Para você chamar uma pessoa de baleia, quantos quilos ela deve pesar?"; "Quantas pessoas em sua família estão acima do peso?"); em outras ocasiões, sair de perto do agressor pode ser útil. É importante também falar com professores e coordenadores sobre os ataques para que as devidas providências sejam tomadas.

Anita, uma professora de matemática, relata suas dificuldades em lidar com os pais dos autores de *bullying*: "Eles não acreditam quando a gente diz que o filho deles está maltratando os colegas: dizem que ele é assim mesmo, mas que não faz por mal, criticam os queixosos por não saberem brincar, acham que a gente está aumentando o problema". Essa postura de resistência dos pais também surge quando são solicitados a comparecer à coordenação devido a problemas de aprendizagem e a escola pede uma avaliação com profissionais de saúde (neurologista, psicólogo, fonoaudiólogo). "Isso passa com o tempo", "meu filho é normal", "não há nada de errado com ele", "lá em casa ele não se comporta desse jeito" – para alguns pais, é difícil perceber características do filho que precisam ser modificadas por tratamentos especializados e por algumas mudanças no manejo familiar.

Todos nós temos dois lados: o luminoso e o sombrio. Ocasionalmente, mostramos prioritariamente um lado em um determinado contexto e o outro lado em outras circunstâncias. Os pais de crianças que começam a frequentar a casa de amigos às vezes escutam comentários do tipo: "Seu filho é tão bem-educado! Comeu tudo que colocamos no prato, ajudou a guardar os brinquedos, conversou conosco, parabéns!". Nem parece a mesma criança que, em casa, se recusa a comer, fica emburrada e deixa seus pertences espalhados pela casa!

Por outro lado, uma criança que, em casa, não consegue reagir quando está sendo atormentada pelo irmão que incessantemente a desqualifica, destrói seus pertences e a agride fisicamente, pode escolher um colega de escola para ser sua vítima particular, assumindo, nesse contexto, o papel de agressor. Todos nós somos uma "pizza de vários sabores": reagimos de um modo em um determinado contexto, e revelamos outras facetas em diferentes circunstâncias. Por isso, de nada vale assumir uma postura de "advogados de defesa do filho" quando a coordenadora da escola expõe os problemas de comportamento que se revelam no relacionamento com os colegas. Em vez de apressadamente negar o problema e acusar os professores de incompreensão, é importante escutar com atenção para conhecer outras facetas do filho que nem sempre se mostram de modo tão claro dentro de casa. Afinal, a colaboração entre professores e pais é essencial para atingir o objetivo de promover o desenvolvimento saudável das crianças, incluindo aí a inteligência emocional e os relacionamentos.

A conversa clara sobre autoproteção e uso responsável da tecnologia é indispensável para a prevenção do *cyberbullying*. Algumas perguntas básicas a serem incluídas nessas conversas são: Está usando os aplicativos de segurança oferecidos pelos *sites* de relacionamento? Está expondo informações pessoais só para as pessoas conhecidas ou para todo mundo que acessa o perfil? Está aceitando como amigos virtuais apenas as pessoas que conhece na vida real ou qualquer um que se apresente, mesmo que não tenha a mínima ideia de quem seja, só para inflar o número de "amigos" como medida de popularidade? Está colocando fotos próprias considerando seriamente as consequências possíveis de um mau uso por terceiros? Está colocando fotos de amigos apenas com a autorização deles? O que sabe sobre os riscos de aliciamento sexual pela internet?

Quais os sinais mais comuns de que a criança e o adolescente estão praticando ataques de *bullying* e/ou de *cyberbullying*?

Abrir os olhos para perceber dificuldades que precisam ser solucionadas, e admitir que seu filho está apresentando condutas inaceitáveis, é o primeiro passo para efetivamente o ajudar. Professoras, orientadoras e coordenadoras das escolas contam inúmeras histórias de pais surpresos quando confrontados com provas irrefutáveis de que seus filhos são autores de *cyberbullying*: "Não, não acredito que meu filho tenha feito isso!". Confrontados com as evidências, ficam perplexos, como aconteceu com a mãe de Breno, o qual filmou com o celular várias cenas envolvendo uma colega de turma, editou, acrescentou animações e montou um roteiro que a colocava em situações constrangedoras. "Nunca poderia imaginar que ele tivesse essas habilidades! Tem tanta dificuldade em aprender o que vocês ensinam em sala de aula, como conseguiu ser tão criativo, onde aprendeu a fazer essas coisas tão bem?" – foi seu comentário de puro espanto.

Revendo a história, muitos pais acabam percebendo que o filho deixou rastros, sinais do que estava acontecendo, mas que passaram despercebidos! Então, atenção: é possível que seu filho esteja praticando *bullying/cyberbullying* quando faz questão de exibir seu poder de dominar outros; quando insiste exaustivamente em fazer valer suas vontades sem levar a dos outros em consideração; sente muita dificuldade em se colocar no lugar dos outros para perceber os efeitos de suas ações; acha divertido causar sofrimento ou implica com os outros até exasperá-los; quer sempre levar vantagem e não se conforma em sair perdendo; luta com todos os meios para conseguir o que quer, até mesmo manipulando as pessoas como se fossem objetos a seu dispor; justifica seu comportamento inaceitável com argumentos do tipo "só reagi à provocação", "ela mereceu o que eu fiz", "a culpa não é minha"; não hesita em mentir e em acusar outros para se isentar da responsabilidade pelos próprios atos; apresenta comportamento desafiador diante das autoridades, das leis e dos pactos de convivência.

Considerando-se que comportamentos e sintomas são modos de expressar-se, cabem as perguntas: o que motiva meu filho a ser um agressor? Quais as necessidades que estão sendo atendidas por esses comportamentos e/ou por esses sintomas? De obter poder ou destaque no grupo? De se vingar ou de subjugar outros para se sentir mais importante? Está reproduzindo padrões de relacionamentos violentos que observa em pessoas da própria família? O comportamento abusivo é encorajado ou aprovado como sinal de "esperteza" ou valentia? É uma reação a mudanças extensas em sua vida com as quais ele não consegue lidar bem (como, por exemplo, a integração em um novo círculo familiar após a separação dos pais, o nascimento de um irmão, ou a migração para outra cidade ou país)? Como essas necessidades podem ser atendidas por caminhos aceitáveis e saudáveis?

Sem dúvida, há casos em que a pessoa que surge como vítima é, na verdade, coautora dos episódios que aparentam ser *cyberbullying*. Os pais se chocam quando, ao apresentarem queixa do agressor, descobrem o outro lado da moeda. Foi o que aconteceu com os pais de Sandra, 14 anos, que descobriram mensagens de texto com conteúdo pornográfico em seu celular, enviadas por um colega de turma. Marcaram uma reunião com a orientadora, que convocou os pais do garoto. Eles compareceram com conversas impressas entre os dois adolescentes, que haviam resgatado de um *site* de mensagens instantâneas, para provar que a garota utilizava um linguajar vulgar e sugeria fazer as mais variadas práticas sexuais. Sandra não era a santa que os pais imaginavam!

Há pais que consideram a intervenção da escola em casos de *cyberbullying* como uma intromissão indevida, alegando que essas ações não ocorrem dentro da escola. No entanto, as consequências repercutem amplamente no ambiente escolar. Mônica, 16 anos, ficou perplexa e envergonhada quando entrou na sala de aula em uma segunda-feira e descobriu que a turma toda havia recebido um vídeo de cenas íntimas entre ela e o ex-namorado ressentido, que estuda na mesma escola. Os ataques de *cyberbullying* podem ser feitos de qualquer lugar e podem atingir a pessoa em todos os ambientes que frequenta. Pais e educadores desejam o mesmo: que as crianças e os adolescentes sob seus cuidados se desenvolvam em segurança. Portanto, precisam consolidar uma parceria eficiente. Afinal, a casa e a escola são fatias do mundo em que crianças e adolescentes passam a maior parte do tempo, aprendendo a ser e a conviver.

Como criar em casa um ambiente *antibullying*?

Uma das grandes oportunidades de criar filhos é rever nossa própria história e procurar preencher lacunas de processos que ainda não conseguimos desenvolver satisfatoriamente. É assim que crescemos junto com nossos filhos, prosseguindo no caminho do desenvolvimento pessoal. Examinar-se, questionar-se, rever os próprios padrões de relacionamento são recursos férteis para efetuar as mudanças necessárias. "Estou sendo grosseiro e prepotente com minha família?"; "Meus filhos estão reproduzindo na escola o desrespeito que presenciam aqui em casa?"; "Como poderemos melhorar a qualidade da nossa relação familiar?"; "Estou me sentindo impotente para colocar os limites devidos nas brigas violentas que acontecem entre meus filhos?"; "Estou permitindo que eles gritem comigo, me xinguem e me tratem de modo desrespeitoso?"; "Estou fazendo o mesmo com eles, porque não sei como educar sem violência?"; " Estou repetindo com meus filhos coisas que meus pais fizeram comigo e que eu não gostei?".

O crescimento dos filhos coloca inúmeros desafios à criatividade dos pais para lidar com o inesperado. Carregamos, inevitavelmente, a bagagem da nossa experiência como filhos, assim como toda a carga de estereótipos e preconceitos entranhados na sociedade. Revisões conscientes são úteis para modificar reações automáticas que nem sempre são satisfatórias. Por exemplo: embora vivendo em uma realidade em que homens e mulheres trabalham fora (e, portanto, compartilham o sustento da família), nem sempre acontece a partilha do cuidado com os filhos (desenvolvendo o aspecto cuidador do pai); quando educamos filhos e filhas, solicitamos somente às filhas a participação nas tarefas da casa, esquecendo que "se a casa é de todos, todos colaboram". Quantas vezes ainda confundimos masculinidade com aspereza e ensinamos aos meninos que "homem não leva desaforo para casa", ou "quando alguém te der um tapa dê dois"? Estamos estimulando o reforço do ciclo de agressões, em vez de contribuir para criar recursos para interrompê-lo! Sem perceber, estamos dando força para os episódios de *bullying*.

Os valores fundamentais do convívio – respeito, consideração, gentileza, cooperação, solidariedade – se materializam nos pequenos momentos do cotidiano, que precisam ser bem aproveitados para consolidar essa prática. O ambiente familiar de muitos agressores se caracteriza por relacionamentos (entre o casal ou o ex-casal, pais e filhos, irmãos) marcados por desrespeito, grosseria e indelicadeza, erroneamente interpretados como franqueza, sinceridade e liberdade de expressão. Temos o direito de expressar nosso desagrado, ou de protestar contra algo que consideramos injusto ou inaceitável, porém, sem ofender, humilhar ou depreciar os outros. É preciso atacar o problema sem atacar as pessoas!

O relacionamento entre irmãos é um terreno rico em oportunidades para a educação em valores e para aprender a gerenciar os conflitos que surgem devido às diferenças de desejos e de pontos de vista. As brigas são inevitáveis, alimentadas por disputa de poder, de espaço (quem vai ocupar o lugar mais cobiçado do sofá da sala?) ou de pertences (como dividir o tempo de uso do computador e dos *videogames*?), assim como por sentimentos inquietantes (raiva, ciúmes, medo de perda, insegurança). Estimular os irmãos que se atacam a gerar ideias para resolver as questões é muito importante; caso contrário, as brigas podem evoluir para *bullying* pesado, com perseguição, xingamentos, tapas e gritos que, na verdade, não resolvem nada!

Quando os pais "descobrem" que o filho está sendo autor de *bullying/cyberbullying* estão diante de uma oportunidade de fazer revisões pertinentes e encarar o desafio de transformar padrões de relacionamento familiar, estruturando acordos de convivência mais respeitosos, com base na conhecida "regra de ouro" ("Trate os outros do mesmo modo como você gosta de ser tratado."). É importante ficar ligado no uso da tecnologia: o mesmo cuidado que os pais oferecem no mundo real também deve ser oferecido no mundo virtual, esclarecendo a diferença entre controle e acompanhamento protetor.

Algumas escolas estão adotando, no ato da matrícula, o "contrato de convivência", com cláusulas que explicitam que, no ambiente escolar, desrespeito e agressões não serão tolerados. Caso o contrato seja rompido, há consequências previstas para reparar os danos e restaurar o respeito nos relacionamentos. Esse é um recurso muito eficiente para a prevenção do *bullying* e a construção de uma cultura de paz. Afinal, todos nós sentimos raiva e perdemos a paciência em alguns momentos, mas podemos escolher a maneira de expressar tudo isso. Somos responsáveis por nossos atos. Da mesma forma, em casa é possível construir "acordos de bom convívio", estabelecendo regras segundo as quais, mesmo quando estamos enraivecidos ou impacientes, não podemos xingar nem bater nos outros; quando estamos com ciúmes, não podemos derrubar os outros colocando apelidos depreciativos, zombando ou destruindo pertences; podemos defender nossos pontos de vista, mas precisamos ouvir os dos outros com respeito e atenção. Esse é o alicerce de um lar em que se pode viver em paz.

8. Ampliando recursos

- Após uma palestra sobre *bullying*, um professor falou sobre sua experiência de superação: "Saí da área rural e consegui uma bolsa de estudos em uma escola de classe média. No primeiro ano, fui muito discriminado por causa da diferença cultural e de classe social e sofri com isso. Mas, no ano seguinte, consegui, pouco a pouco, fazer o meu lugar, mostrando minha competência".
- Uma professora, alta e encorpada, sempre ficava como a última da fila quando era estudante e se incomodava com isso. No entanto, nada fez para mudar essa situação. Sua filha, cujo corpo é idêntico ao seu, também se incomodava em ficar sempre no fim da fila, porém, criou um recurso próprio: propôs que, de vez em quando, invertessem a ordem e colocassem os mais altos no início da fila.
- Presenciando uma conversa sobre *bullying* e *cyberbullying* em uma Feira de Livros, Adalberto, funcionário de uma livraria, quis dar seu depoimento: "Isso já faz mais de vinte anos, mas eu me lembro bem até hoje. Alguns meninos da turma

me chamavam de dentuço e eu, muito tímido, me escondia no fundo da sala de aula. Quando eu chegava atrasado, preferia matar aula, porque não me imaginava atravessando a sala até chegar ao lugar em que eu me sentava, aguentando a zoação dos colegas. Dois anos depois, resolvi tomar uma atitude e enfrentar o problema: no primeiro dia de aula, sentei na primeira fila, comecei a conversar com outros colegas e meus inimigos perderam o poder".

- Um professor de educação física criou um recurso eficaz para que um de seus alunos, excluído do futebol pelos colegas porque estava acima do peso, pudesse mostrar competência de outro modo: propôs um torneio de cabo de guerra em que o menino facilmente foi o campeão. Com isso, passou a ser valorizado pelos colegas e até a participar dos jogos de futebol.
- Uma professora recorda como seu pai foi importante para fortalecê-la diante da discriminação que sofria, até por parte da professora, que a deixava na última fila para as apresentações de dança no fim do ano letivo, porque mancava devido a uma perna encurtada. "Lembre-se, minha filha, de que você é muito maior do que sua perna". Essa frase a acompanhou por toda a vida, ajudando-a a se valorizar.
- Dois alunos que se associaram para praticar *cyberbullying* fazendo fotomontagens e vídeos ofensivos receberam, como medida socioeducati-

va, a tarefa de produzir um videoclipe sobre os efeitos do *bullying* e do *cyberbullying* nas pessoas atacadas, para promover a discussão sobre o tema nas salas de aula.

Todos nós, no decorrer da vida, em qualquer idade, precisamos desenvolver habilidades, recursos de relacionamento, competências. Isso pode acontecer mais facilmente quando tomamos a decisão de encarar as dificuldades, encontrando dentro de nós a capacidade de superação. Em vez de dar aos agressores o poder de nos desestabilizar, começamos a fortalecer nossa autoconfiança, mantemos a cabeça erguida e o olhar firme para construir um escudo protetor que não permite que essas agressões nos atinjam e liberamos a criatividade para resolver as dificuldades. A pergunta que podemos fazer a nós mesmos é: "O que estou fazendo com o que fazem comigo e que não está me ajudando? Que outras saídas poderei encontrar?".

O essencial é não se desesperar com o problema ou se afundar em lamentações por ter sido escolhido como alvo: problemas são oportunidades para aprender a ampliar recursos para enfrentá-los. É ter coragem até para pedir ajuda para que, "se o agressor não parar por bem, pare por mal", como disse uma jovem que criou coragem para denunciar as "meninas poderosas" que a intimidavam.

Qualquer característica pessoal pode ser utilizada de modo positivo ou negativo. Isso é importante para trabalhar com vítimas, agressores e espectadores do *bullying*.

Os autores de *bullying* precisam aprender a ser assertivos sem serem agressivos, a desenvolver a empatia, a se destacar aprimorando habilidades benéficas, a exercitar liderança servidora (que se distingue da liderança opressora, na medida em que estimula o desenvolvimento dos liderados em clima de cooperação, somando contribuições). Algumas ações que podem estimular o desenvolvimento da empatia: escrever um texto do ponto da vista da vítima; reescrever histórias conhecidas sob o ponto de vista de todos os personagens; em aulas de teatro, montar cenas de *bullying* em que agressores, vítimas e testemunhas assumem os papéis uns dos outros.

Quem aprende a desenvolver a empatia torna-se mais colaborador e menos agressivo. Programas destinados a desenvolver o autocontrole da impulsividade, a administração da raiva, a resolução não violenta de conflitos e recursos de comunicação também costumam ser eficazes para melhorar a qualidade dos relacionamentos.

Habilidades utilizadas de modo negativo podem ser redirecionadas para serem utilizadas construtivamente: esse é o desafio de um trabalho de transformação, por meio da reflexão, do confronto, utilizando as perguntas reflexivas que fazem pensar, das medidas socioeducativas e não apenas pelos caminhos tradicionais do castigo e da punição. Por exemplo, autores de *cyberbullying* podem ter como consequência de seus atos a produção de um videoclipe sobre o tema, mostrando o impacto sobre quem sofre os ataques. O uso abusivo do celular para enviar mensagens de texto ofensivas pode ter como consequência a produção de trabalhos a serem apresentados diante da turma para estimular a conscientização do uso responsável desse aparelho.

Há muitos recursos que podem ser desenvolvidos para incentivar a mudança de comportamento. Em 2005, em algumas escolas do Estado de São Paulo, foi iniciado um trabalho conjunto entre profissionais do Poder Judiciário e da Educação com o projeto "Justiça e Educação". Nesse projeto foram aplicados os princípios da Justiça Restaurativa, que atua estimulando o diálogo entre as partes em conflito para que todos assumam a responsabilidade pelo ocorrido e restaurem o bom relacionamento, incentivando a construção da paz.

Nessa ótica, o conflito surge como oportunidade para transformar relacionamentos e criar soluções satisfatórias para todas as partes envolvidas, por meio da escuta atenta que leva em conta desejos e necessidades de todos. Com essa abordagem, descobrem-se meios mais eficazes de estimular mudanças significativas nos agressores, em vez de aplicar as punições tradicionais que, muitas vezes, são encaradas como desafios ou geram indiferença. O agressor precisa se responsabilizar por seus atos e reparar os danos de modo satisfatório para a pessoa atacada. Com essa reflexão, consegue transformar seu comportamento. Somente em casos de extrema resistência em aceitar as regras de convivência respeitosa, quando o aluno insiste em desafiar as normas escolares e dar prosseguimento aos ataques, será preciso recorrer a medidas disciplinares punitivas, como a suspensão e, eventualmente, a expulsão da escola.

Quem tem "pavio curto" e recorre à agressão física ou verbal com muita frequência precisa aprender os fundamentos da administração da raiva: em outras palavras, conseguir tomar conta da raiva antes que ela tome conta da gente. Todos nós sentimos raiva: isso é normal e inevitável. No entanto, é preciso entender com clareza que há maneiras aceitáveis e inaceitáveis de expressá-la. E mais: assumir a responsabilidade pela agressão, em vez de culpar a vítima ("Ele me provocou, aí perdi a cabeça!") ou tentar justificar sua conduta ("Sou igualzinho ao meu pai, não dá para mudar meu temperamento!"). De novo, a pergunta que estimula a reflexão: o que estamos fazendo com o que fazem conosco? Podemos escolher diversas maneiras de mostrar nossa raiva, e não apenas o padrão repetitivo de "bateu, levou". Isso é um aspecto importante do desenvolvimento da "inteligência de relacionamento": os adultos que não conseguiram desenvolver esse tipo de inteligência costumam ter grandes dificuldades para trabalhar em equipe e apresentar um bom desempenho profissional, apesar de estarem tecnicamente qualificados.

Conversas com o agressor podem estimular o desenvolvimento da empatia quando este é confrontado com perguntas reflexivas, que fazem pensar e rever ações. Foi o que fez a professora Donatela, que relatou a seguinte situação: "Um aluno de 14 anos não se cansava de zombar de uma colega por ter um irmão dependente químico, o que a perturbava intensamente. Chamei os dois para conversar e perguntei se na família dele não havia casos semelhantes. Ele afirmou que não e eu continuei perguntando se não havia alguém que fumasse ou ingerisse bebidas alcoólicas e tranquilizantes. Então, ele disse que sim. E eu perguntei como ele se sentiria se alguém o importunasse com comentários maldosos sobre essa dependência química de substâncias legalmente permitidas. Só então ele caiu em si, chegou a chorar e pediu desculpas à colega".

O preconceito geográfico também foi abordado com a turma em que alguns colegas zoavam insistentemente do sotaque de uma colega recém-chegada do Nordeste. Lembrando que vivemos em um mundo com grandes fluxos migratórios, a professora de geografia contribuiu para a reflexão sobre preconceitos e práticas discriminatórias: "Nas famílias de vocês, quem veio do Nordeste? Um avô, pai, mãe?". Vários levantaram as mãos. "Então, vocês descendem de nordestinos que também falam com o sotaque característico. E o que estão fazendo com a colega? Vamos pensar se tem algum fundamento desprestigiar regiões de um país e as pessoas que se originam daí!" O recurso de ampliar a empatia e a capacidade de olhar para um contexto maior é muito eficaz para reduzir as práticas discriminatórias que estão na raiz da maioria dos episódios de *bullying*.

Portanto, as práticas discriminatórias podem ser abordadas com a turma, estimulando a reflexão sobre os preconceitos que elegem como alvos as pessoas pertencentes a esses grupos, como aconteceu com Fernando, com dificuldades de dicção, que era vaiado pelos colegas cada vez que ousava responder às perguntas dos professores, ou fazer comentários em sala de aula, porque tinha "língua plesa". Algo semelhante aconteceu com Otávio, que passou a se isolar na sala de aula quando alguns colegas começaram a se referir a ele pejorativamente como "negão" e "chocolate preto". Um passo a mais na ampliação de recursos foi dado quando Otávio criou coragem para se candidatar a repórter do telejornal que os alunos criaram, para montar um vídeo de sensibilização sobre *bullying* em um projeto sobre o tema.

Abordar o tema do *bullying* e do *cyberbullying* na sala de aula estimula as vítimas a saírem do silêncio, criando coragem para falar sobre os ataques e reivindicar o respeito devido. Do mesmo modo, sensibiliza as pessoas a fortalecer a "plateia protetora" que inibe os agressores.

As pessoas que sofrem os ataques precisam desenvolver recursos para deixarem de ser alvos fáceis. Um dos recursos possíveis para "desarmar" o ataque e fazer com que o agressor fique sem graça e ridicularizado diante da plateia é "pegar leve" e dar respostas engraçadas. Foi o que fez Clarisse, 15 anos, quando um colega começou a chamá-la de hipopótamo por estar acima do peso: "Cuidado, porque se eu lhe der um esbarrão, você vai voar até o outro lado da sala, hein!". Mas, para isso, Clarisse precisou reavaliar padrões de beleza, saindo da prisão dos estereótipos que só valorizam um tipo de corpo, desprestigiando os que não se encaixam nos padrões estabelecidos.

Outro recurso é ampliar a percepção da linguagem corporal: olhar para o chão, curvar o corpo, "falar para dentro" com a voz quase inaudível denota fechamento motivado pelo medo, falta de autoconfiança e baixa autoestima. É como se a pessoa quisesse sumir, ficar invisível para não ser atacada. Mas, ao contrário, essa linguagem corporal a torna um alvo mais atraente para os agressores, que a percebem como frágil e vulnerável. Ousar adotar uma postura corporal mais aberta, olhar nos olhos dos outros e falar com a voz firme é o começo de um trabalho de fortalecimento da assertividade e da autoproteção. Afastar-se fisicamente de quem está tentando atacá-la, sempre que possível, e procurar a companhia de outros colegas também são recursos úteis para fazer com que o agressor desista de considerá-la como alvo.

Ações enviam mensagens mais convincentes do que palavras. Algumas práticas de *bullying* podem deixar de existir mesmo quando não se conversa explicitamente sobre o problema. Foi o que relatou a professora Isabela: "Percebi que os colegas de um menino de 8 anos não queriam chegar perto dele porque tinha manchas escuras espalhadas pelo corpo. Conversei com a mãe dele, e ela me esclareceu que não era doença contagiosa. O menino ficava isolado, encolhido no fundo da sala. Então, um dia, entrei na sala e disse que estava com vontade de receber abraços. Algumas crianças vieram espontaneamente, outras eu chamei, incluindo ele. Fiz isso em alguns outros dias, sempre incluindo o menino. Foi o suficiente para a turma mudar a maneira de tratá-lo".

O trabalho com os espectadores do *bullying* é igualmente importante. Muitos, mesmo revoltados, não conseguem agir por se sentirem impotentes e não saberem o que fazer para inibir o agressor, receando enfrentá-lo e serem atacados; alguns ficam assustados e angustiados ao presenciar tais ações. No entanto, quando são ajudados a desenvolver recursos para sair da apatia, da omissão, da indiferença e aprender a se envolver, a tomar iniciativas para inibir o comportamento inaceitável, passam a cultivar sementes importantes para a cidadania participativa, nutrindo a crença de que suas ações podem fazer diferença em processos transformadores da sociedade.

Um recurso interessante é promover grupos de discussão em que os alunos são encorajados a identificar as práticas de *bullying* que mais comumente presenciam, fazer uma lista de sugestões de como intervir para resolver o problema ("chuva de ideias"), avaliar vantagens e desvantagens de cada uma das sugestões oferecidas, visualizar o que poderia acontecer ao aplicar as sugestões selecionadas e, finalmente, montar uma estratégia para colocar em prática o que foi combinado.

Quanto aos recursos legais aos quais é possível recorrer no Brasil, é possível apresentar queixa em Delegacias de Crimes de Informática, nos Conselhos Tutelares, nas Promotorias de Justiça. Se a vítima quiser entrar com uma ação por danos morais e materiais, pode procurar os Juizados Especiais Cíveis ou as Varas Cíveis da Justiça Estadual, assistida por um advogado.

Parte III

9. Educação em valores: a melhor prevenção

- Na gravidez do primeiro filho, Larissa passava horas se imaginando no papel de mãe. Uma das coisas que gostaria de fazer da mesma forma que sua mãe seria ensinar as "palavrinhas mágicas": obrigada, por favor, desculpe!
- Afirmando "ser sincero", Paulo César dizia o que lhe vinha à cabeça, ofendendo colegas e professores. Quando o chamava para conversar, a coordenadora da escola o estimulava a refletir como poderia dizer o que pensa de modo não ofensivo.
- Heitor "empaca" quando orientado a pedir desculpas por ter maltratado alguém. Diz que nunca se arrepende do que faz, afirma que o outro "mereceu" ser tratado desse jeito e que pedir desculpas, para ele, é "demagogia" e "hipocrisia".
- Júlia é irritadiça, dá respostas ríspidas sempre que se sente provocada e, em seguida, percebe que se excedeu no palavreado. "Desculpe, foi mal", "prometo que não vou mais ser grossa" são frases ditas com frequência, mas que não correspondem às

suas ações porque, logo em seguida, "engrossa o caldo" mais uma vez.

- Helena é coordenadora de uma escola e construiu um projeto de educação em valores em que conversa com os alunos sobre o que pode melhorar no relacionamento entre eles, enfatizando a importância de escutar sem interromper quando os outros estão falando, percebendo os diferentes pontos de vista para construir os acordos de bom convívio.

A parceria eficaz entre família e escola começa nos alicerces da formação do caráter: a educação em valores. Gentileza, lealdade, cooperação, respeito, solidariedade não são apenas conceitos abstratos e, muito menos, "caretas" ou "fora de moda". São não só atualíssimos como também indispensáveis à construção do bom convívio na família, na escola, no trabalho e na comunidade. Para serem aprendidos na prática, precisamos reconhecer a grandeza dos pequenos momentos do cotidiano que oferecem oportunidades para consolidar esse olhar do "eu com os outros" e estimular ações que concretizem os valores fundamentais do convívio.

Da mesma forma que a educação em valores acontece na prática do cotidiano, o conceito de cidadania (que engloba direitos e deveres) também pode ser praticado por meio de ações diárias. Por exemplo, a partilha da responsabilidade: "Se a casa é de todos, todos participam das tarefas de cuidar";

"Se a escola é um espaço coletivo, todos são responsáveis por manter a ordem". No entanto, em muitas famílias, as crianças crescem como reis e os adultos se transformam em súditos, sempre prontos a realizar seus desejos sem as educar para a reciprocidade e para a participação no espaço coletivo. Espalham brinquedos e pertences pela casa esperando que alguém os guarde, interrompem quando os outros estão falando, querem impor suas ideias sem prestar a mínima atenção à opinião dos outros, esperam que tudo lhes seja dado na mão, explodem quando não são atendidas de imediato, revoltam-se quando ouvem um "não" e, sobretudo, querem apenas receber e nada oferecer.

A criança pequena é regida pela "lei do desejo": "Quero agora, desse jeito". Uma das tarefas essenciais da família e da escola é consolidar a "lei da realidade": "Nem sempre consigo o que eu quero na hora em que peço e do jeito que desejo". São os limites colocados com firmeza, consistência e coerência que facilitam a capacidade de esperar, de tolerar frustrações e de pensar alternativas viáveis aos desejos que não poderão ser realizados naquele momento: "Isso não pode, mas vamos descobrir o que você pode fazer"; "Eu sei que você está com raiva, mas não pode me xingar nem me ofender. De que outro jeito você pode mostrar sua raiva?"; "Você está falando sem parar há dez minutos. Agora é hora de me ouvir!". Tijolo por tijolo, cimentados com amor: assim, vamos construindo a percepção do "eu com os outros", estimulando respeito, consideração, cooperação, solidariedade. Isso é inteligência emocional, aplicada nos relacionamentos. Adultos impulsivos e egocêntricos podem ser até tecnicamente competentes em suas profissões, mas terão grandes dificuldades em conviver com seus pares no ambiente de trabalho e também nas relações sociais e familiares, por não terem desenvolvido a competência de perceber os outros com empatia e sensibilidade.

As "palavrinhas mágicas" a que se refere Larissa ao se lembrar de como foi educada são essenciais porque ajudam a construir a percepção do outro. No desenvolvimento emocional, a criança precisa passar da percepção de ser o centro do mundo (imaginando que tudo e todos giram ao seu redor) para construir a percepção do "eu com os outros": todos nós temos desejos e necessidades que precisam ser percebidos, respeitados e, quando possível, atendidos. Precisamos aprender a esperar por nossa vez sem ter ataques de mau-humor e a fazer acordos de convivência. "Obrigado", "por favor", "com licença" são palavras que comunicam o reconhecimento da existência dos outros, aos quais pedimos algo ou que podem nos ceder a vez. Muitas pessoas tornaram-se adultos sem completar esse processo...

"Desculpe" é o reconhecimento de que dissemos ou fizemos algo que incomodou, agrediu ou ofendeu alguém. Reconhecer nossa responsabilidade e reparar o mal é obrigação de todos nós. Há aqueles que, como Heitor, por orgulho ou por incapacidade de respeitar os direitos dos outros, jamais pedem desculpas e resistem bravamente quando são estimulados a isso. Acham que pedir desculpas é humilhante, dizem em alto e bom som que não vão se submeter nem abaixar a cabeça. Isso é confusão de conceitos! Todos nós erramos, muitas vezes por não percebermos como nossos atos repercutem nos demais. Reconhecer nossa participação nesse "circuito interativo" é sinal de amadurecimento emocional e o pedido de desculpas abre portas para restaurar o relacionamento que ficou abalado. Para os que se defendem resistindo em reconhecer sua responsabilidade, vale a insistência de pais e educadores para que esse olhar do "eu com os outros" se desenvolva. Um dos caminhos eficazes para isso é recorrer às perguntas reflexivas que reconstroem o circuito interativo: "Quando você disse [ou fez] tal coisa, o que imagina que seu colega [ou irmão] pensou ou sentiu?"; "De que outro modo você poderia se expressar?".

Por outro lado, há quem abuse do pedido de desculpas para ter licença de fazer "mais do mesmo", como acontece com Júlia. "Desculpe, foi mal"; "Já pedi desculpas, por que você continua zangada comigo?". O pedido de desculpas só resulta em aprendizagem de convívio quando acompanhado pela reflexão sobre nossa participação no ocorrido: não pode ser mera embalagem, sem o conteúdo do reconhecimento verdadeiro de nossa responsabilidade e o empenho em reparar o malfeito.

Há pessoas que crescem confundindo conceitos, como Paulo César. Pensam que sinceridade e liberdade de expressão significam dizer o que querem do jeito que vier à cabeça, sem passar pelo filtro da reflexão que nos orienta a escolher um modo de falar que revele o que pensamos e sentimos de modo que não ofenda, deprecie ou humilhe os outros. Outra confusão de conceitos é pensar que nas "relações de intimidade" (entre casais, pais e filhos, irmãos, namorados) temos o direito de "soltar os bichos", sem preocupação de magoar ou ofender quem amamos. "Se eu não posso ser grosso com a minha namorada, com quem poderei ser?" A resposta é: "Com ninguém, cara pálida!" Maus-tratos físicos e verbais não podem ser confundidos com espontaneidade ou liberdade de ser o que se é.

Pessoas que se sentem permanentemente prejudicadas ou ameaçadas de perder o lugar que conquistaram tendem a ficar na defensiva, interpretando a grande maioria das ações dos outros como ataques ou invasão de território. Logo respondem de modo ríspido, gritando, assumindo uma postura bélica que, na maioria das vezes, só serve para acirrar os ânimos e criar mal-estar, agravando os conflitos em vez de resolvê-los pela escuta do ponto de vista dos outros, que permite criar consensos satisfatórios. Nessa confusão de conceitos, "ser sincero" é, simplesmente, ser "curto e grosso", indelicado e mal-educado!

Família e escola precisam ser parceiras eficazes na educação em valores que promova a construção de vínculos afetivos sólidos, incluindo amizades que podem começar na infância e durar a vida toda. E um dos componentes básicos do relacionamento é a capacidade de escuta atenta e respeitosa, como enfatiza a professora Helena com seus alunos. Saber ouvir é uma habilidade que podemos desenvolver continuamente e nos permite descobrir mais a fundo como os outros pensam e sentem. Mesmo nos inevitáveis momentos de divergência, a escuta sensível nos permite descobrir os pontos em comum nas diferenças e, sobre isso, construir acordos satisfatórios, tecendo ideias até melhores do que as que tivemos sozinhos. No entanto, muitas pessoas fecham os ouvidos para os argumentos dos outros, querendo impor as próprias ideias, como se houvesse apenas um caminho certo: insistindo em "ganhar a discussão", perdem a oportunidade de "ganhar com a discussão"!

10. Como construir um programa *antibullying*

Em primeiro lugar, é importante reconhecer que episódios de *bullying* ocorrem em todas as escolas, tanto as da rede pública quanto as particulares. É um problema complexo que se manifesta de diversos modos, em todas as faixas etárias. Não dá para, simplesmente, fechar os olhos e esperar que isso passe com o tempo. Para enfrentá-lo e construir uma cultura de paz na escola é necessário criar um programa sob medida para a realidade de cada contexto, que esteja profundamente inserido no projeto pedagógico da escola a ser aplicado por um longo tempo. A prevenção do *bullying* depende da criação de um ambiente escolar em que todos se sintam seguros, bem cuidados e capazes de desenvolver habilidades de relacionamento interpessoal que possibilite criar vínculos de amizade em clima de cooperação.

Alguns professores, orientadores e diretores de escolas ficam desapontados porque os alunos continuam praticando *bullying* mesmo após uma palestra sobre o tema, trabalhos de pesquisa e conversas em sala. Essas ações pontuais são importantes, porém não são suficientes para erradicar um padrão de relacionamento agressivo tão arraigado em nossa sociedade, presente até em um grande número de famílias: quantas crianças e adolescentes perseguem implacavelmente, desqualificam, xingam, batem, implicam, aterrorizam seus próprios irmãos? Quantos pais fazem coisas semelhantes com seus filhos? E as outras manifestações de desrespeito e desconsideração pelos outros que presenciamos todos os dias entre vizinhos, nas ruas, no trânsito? As práticas discriminatórias geradas pelos preconceitos e os mais diferentes tipos de condutas violentas estão presentes no cotidiano de todos nós e são reproduzidos por crianças e adolescentes no contexto escolar.

Portanto, é preciso paciência e persistência para, no decorrer do tempo, perceber e valorizar os índices graduais de redução das ações de *bullying*. Não é fácil construir um padrão diferente de se relacionar com os outros, na base do respeito e da capacidade de conviver com a diversidade. Tampouco é fácil descobrir e consolidar outros meios saudáveis de brincar e de se divertir sem eleger outros como alvos. O processo de canalizar a agressividade para fins construtivos, assim como o desenvolvimento da assertividade e da empatia, também é lento.

Nas palestras que tenho dado sobre esse tema, alguns professores mais velhos comentam "como os tempos mudaram" não só na escola, mas também na família: antigamente, bastava um olhar severo dos pais ou uma advertência da professora para que as crianças se comportassem melhor; atualmente, desde cedo, questionam as ordens e desafiam os limites colocados. Pais e professores, antes respeitados, agora são "peitados"!

A diretora de uma escola da rede estadual teceu o seguinte comentário: "Vivemos muito tempo em regime de ditadura; quando se restabeleceu a democracia, muitos professores foram criticados por manter regras mais rígidas de disciplina como, por exemplo, formar fila para entrar em sala de aula e manter silêncio quando o professor está explicando a matéria. Com medo de serem vistos como ditadores do ensino, muitos deixaram de colocar os limites devidos e, em algumas escolas, instalou-se o caos. Como estabelecer um clima de respeito e de ordem necessários à boa aprendizagem?".

Segundo um ditado inglês, "não se deve jogar o bebê fora junto com a água do banho"! O medo de ser visto como autoritário fez com que muitos professores e pais deixassem de exercer a autoridade devida e se tornassem permissivos, com dificuldades em colocar os limites indispensáveis para que a criança e o adolescente diferenciem as condutas aceitáveis das inaceitáveis. Como brincar sem agredir? Como reivindicar seus direitos de maneira respeitosa? Como resolver conflitos de modos não violentos?

Os professores não sentem dificuldades em ser respeitados apenas pelos alunos, mas também por muitos pais que, quando chamados para conversar sobre os problemas que os filhos estão apresentando na escola, se recusam a aceitar a realidade: acusam os profissionais de não saberem lidar com seu filho e até os intimidam ou ameaçam. "Antigamente, os pais se envergonhavam com o mau comportamento do filho e o repreendiam severamente; hoje eles não admitem que algo de errado esteja acontecendo com o filho e afirmam abertamente que isso é problema da escola", queixam-se inúmeros educadores.

São muitos os desafios para educar essa "geração digital". Portanto, estruturar um programa *antibullying* dá muito trabalho e encontra inúmeras resistências. Nas palavras de uma diretora de ensino: "Nas escolas sob a minha coordenação, tento achar meios de encantar os professores, tão sobrecarregados de tarefas, para abraçar a causa do combate ao *bullying* e da construção da cultura da paz. Infelizmente, são poucos os que de fato aderem ao programa *antibullying*, alegando uma série de dificuldades". Mas vale a pena enfrentar o desafio e transformar os obstáculos em caminhos.

Os programas *antibullying* mostram-se eficientes quando são pensados como estratégias de longo prazo, a serem continuamente trabalhadas. Os programas bem estruturados envolvem os alunos, as famílias e toda a equipe escolar, incluindo inspetores, pessoal da cantina, motoristas e monitores dos ônibus escolares (onde muitos episódios acontecem), com o objetivo de mudar a cultura da escola e da família. Ao compreender mais a fundo as consequências negativas do *bullying* e do *cyberbullying* para todos os envolvidos, reforça-se a visão de que essa conduta é inaceitável e não pode ser tolerada, muito menos encorajada. Procura-se, portanto, consolidar os valores fundamentais do convívio: respeito, consideração, cooperação, solidariedade, gentileza. O tratamento e a prevenção do *bullying* passam a ser tarefas de todos.

A estratégia a ser adotada na construção desses programas dependerá da realidade de cada escola. Convém utilizar os conceitos de prioridade e permeabilidade como guia nesse planejamento estratégico. Como mostrou uma diretora de ensino da rede estadual: "Na região que coordeno, há mais de trinta escolas: observei que os professores se queixavam de sobrecarga, com muitos projetos a serem encampados, e não senti neles disposição suficiente para abraçar a causa de elaborar um programa *antibullying*. Então, decidi começar elaborando um projeto de protagonismo juvenil, convocando alunos do ensino médio que participavam ativamente do Grêmio Estudantil de uma das escolas: apresentei as ideias e os convidei para serem os iniciadores de uma sensibilização com os professores e os funcionários de algumas escolas que apresentavam alto índice de ataques de *bullying*. Foi uma beleza: após algumas capacitações eles elaboraram apresentações, peças de teatro, videoclipes, murais, apresentações musicais e várias dinâmicas. Conseguiram não só sensibilizar a equipe escolar como também trouxeram as famílias para ver apresentações sobre o tema na escola. E não pararam por aí: com a colaboração de uma coordenadora, elaboraram um questionário diagnóstico para pesquisar que ações de *bullying* eram mais comuns em cada sala de aula, fizeram gráficos que os orientaram na construção de um programa adaptado às necessidades de cada sala que resultou na criação de regras de conduta e de contratos de convivência. No ano seguinte, também respaldados por pesquisas, observamos uma redução significativa dos episódios de violência nessas escolas".

Quando os alunos são ouvidos e estimulados a serem proativos e colaboradores, geram ótimas ideias que reduzem a ocorrência de episódios de *bullying*. Passam a usar sua enorme familiaridade com a tecnologia para gerar vídeos, fotomontagens e outros recursos para espalhar pela rede mensagens de conscientização do problema. Organizam murais com cartazes em exposições e em eventos que congregam famílias e pessoas da comunidade. Montam peças de teatro para sensibilizar colegas, funcionários da escola e famílias, enfatizando que "*bullying* não é brincadeira". Alunos de uma escola estadual fizeram um vídeo mostrando cenas de *bullying* para incentivar conversas sobre o tema. Em outra escola da rede pública, localizada em uma comunidade com altos índices de violência, alguns alunos montaram uma peça de teatro encenando agressões físicas e verbais, bem como destruição de pertences, para focalizar os ataques mais comuns do *bullying*. Outro grupo montou um espetáculo musical com canções cujas letras abordavam o tema do *bullying* e da construção de uma cultura de paz. Alunos de uma escola particular sugeriram trabalhar com desenhos após ver o material sobre *cyberbullying* retirado de um *site* de vídeos.

Quando estimulados, os alunos conseguem estruturar outras formas de diversão e de brincadeiras que não tenham como objetivo ferir, humilhar e magoar outras pessoas. Crianças e adolescentes conseguem dar ótimas ideias e sugerem caminhos eficazes para colocá-las em prática! É importante descobrir o poder de pensar em conjunto: como seria o ambiente escolar onde todos se sentissem bem? Qual a contribuição de cada um para tornar essa realidade possível?

Fortalecer a crença de que é possível construir novas realidades depende de sair de uma postura de queixa conformada: "Isso é muito difícil, não tem jeito!"; "A situação chegou a tal ponto que não dá mais para reverter!".

Portanto, o primeiro passo para construir um programa *antibullying* eficaz é a escuta atenta e sensível dos alunos, das famílias e da equipe escolar para perceber como se manifesta o problema. O mapeamento das áreas da escola onde os autores de *bullying* costumam atacar suas vítimas precisará ser eficazmente monitorado pelos adultos responsáveis por coibir tais condutas.

A partir daí, inicia-se o processo de conscientização e de mudança de visão a partir de um entendimento mais profundo das repercussões do *bullying* e do *cyberbullying*. Nesse sentido, vale enfatizar a importância de explorar o potencial dos espectadores como agentes de mudança. "Isso é *bullying*, professora!", comenta uma criança ao presenciar uma cena de agressão repetitiva; "Cara, não é legal fazer isso, tá sabendo?", um grupo de colegas envia essa mensagem a um agressor. Os autores de *bullying* crescem com a adesão da plateia: se encontram coro ou estímulo para seus ataques, sentem-se mais poderosos. Ao contrário, quando a escola trabalha a conscientização de que as ações de *bullying* não são aceitáveis, os espectadores podem se aliar às vítimas e não dar força para os agressores, que deixam de contar com esse apoio social. Com isso, conseguem formar uma rede poderosa de proteção e de inibição do comportamento de *bullying*. Por esse motivo, é tão importante trabalhar explicitamente com as turmas, enfatizando o valor da contribuição dos espectadores.

É essencial formular limites claros e consistentes, mostrando que, nessa estruturação da cultura da paz, os episódios de *bullying* não serão tolerados e, caso essas regras não sejam respeitadas, serão aplicadas consequências cabíveis. Há *sites*, como o www.kidscape.org.uk, que sugerem a criação de uma cultura na escola que adota a "estratégia dos 3 Rs": os episódios de *bullying* precisam ser Reconhecidos, Rejeitados e Relatados.

Estimular a discussão do tema nas salas de aula pode ajudar as vítimas a ampliar recursos para lidar eficazmente com os agressores, "desmontando" os ataques. Por outro lado, os agressores precisam de ajuda para melhorar a qualidade de seus relacionamentos ao construir estratégias de poder mais benéficas: em outras palavras, aprender a desenvolver o "poder com" os outros, em vez de lutar para obter "poder sobre" alguém.

Ao apresentar os pontos principais do programa *antibullying*, é importante enfatizar o objetivo de criar um ambiente escolar em que todos se sintam seguros; por isso, os comportamentos de *bullying* não serão tolerados. Procura-se, também, formular as estratégias mais eficientes para alcançar bons resultados. Uma delas é conversar sobre o tema em sala de aula, aproveitando oportunidades para incentivar a pesquisa, a troca de ideias e o pensar em conjunto a construção de acordos de bom convívio e contratos de convivência, com as devidas consequências para os que transgridem os acordos como, por exemplo, não ser incluído em uma viagem recreativa com a turma.

Vídeos, recortes do noticiário, livros sobre o tema podem ser bons pontos de partida para a reflexão e a construção de caminhos que levem à mudança de uma postura de desrespeito ao outro e de diversão a qualquer custo para uma cultura de conviver respeitosamente com as diferenças, desenvolver consideração e respeito pelos outros, descobrir maneiras de se divertir saudavelmente e explorar os imensos benefícios do uso da tecnologia.

Essa reflexão coletiva formará a base de um programa *antibullying* a ser firmemente implantado no projeto pedagógico das escolas e no cotidiano das famílias, que deverá ser periodicamente reavaliado e aperfeiçoado.

Os resultados de um programa *antibullying* bem-sucedido são animadores: quando os alunos aderem com entusiasmo ao programa, não só conseguem inibir grande número de ações de *bullying* como também se tornam mais sensíveis à prática dos atos agressivos dentro da família, na relação com os irmãos e até mesmo com os próprios pais, que xingam ou fazem gestos obscenos para outros motoristas no trânsito ou são rudes com a empregada da casa. Com a consolidação dos efeitos desse programa aplicado a longo prazo, observa-se uma mudança significativa na percepção da escola como um lugar seguro, que oferece ambiente propício à boa convivência. Os agressores aprendem que sua conduta é totalmente inaceitável, que devem se responsabilizar por seus atos e reparar os danos causados. Os que sofrem agressões percebem que serão ouvidos, compreendidos e estimulados a criar recursos de autoproteção. Os espectadores são encorajados a desenvolver o poder de inibir os comportamentos de *bullying* pela desaprovação explícita a esses atos.

Em 2010, tive a oportunidade de participar como palestrante da Orientação Técnica sobre Prevenção para Educadores das Diretorias de Ensino das Escolas Estaduais de São Paulo. Fiquei encantada com os trabalhos apresentados por várias escolas que fizeram projetos de combate ao *bullying*, ampliando a rede de ação para incluir profissionais de saúde, juízes, delegados de polícia e representantes de outras entidades. Mostram o reconhecimento de que é preciso fortalecer e expandir as práticas pedagógicas voltadas para a construção de uma cultura de paz. Ao consolidarem projetos como "Prevenção também se ensina" e "Comunidade presente" descobrem caminhos que estimulam a participação das famílias dos alunos e de pessoas da comunidade no espaço escolar.

A rede Programa das Escolas Associadas ao Programa de Cultura da Paz da UNESCO (PEA), atuando em diversos países, dissemina os princípios da comunicação não violenta desde a etapa da educação infantil. Esse é o caminho mais eficaz da prevenção do *bullying* porque, desde os primeiros anos de vida, a equipe escolar está atenta para aproveitar os momentos de interação das crianças como oportunidades para aprender a administrar conflitos e canalizar a agressividade, ampliando os recursos de relacionamento saudável. Em síntese, aprender a conviver bem com os outros. Por exemplo, duas crianças estão disputando ferozmente um brinquedo e alguém pergunta: "Como podem resolver isso sem brigar?". A criança que morde os colegas para conseguir o que quer é estimulada a perceber os efeitos de seu comportamento: "Isso machuca o amigo, ele chora porque não gosta de ser tratado desse jeito. Agora, peça desculpas a ele e vamos descobrir como vocês podem brincar de um jeito legal!".

O trabalho é feito no sentido de iluminar os circuitos interativos ("o que eu faço influencia o que você faz e vice-versa") e ampliar os recursos de ação ("O que você pode fazer em vez de chutar o amigo?"). Há escolas que organizam semanalmente grupos de reflexão nas turmas, nos quais todos podem relatar episódios em que se sentiram maltratados, com o propósito de pensarem juntos o que poderia ter acontecido de forma diferente para que se sentissem melhor. Isso pode resultar até na decisão de os próprios alunos elaborarem "leis para a boa convivência" na turma, com as respectivas consequências a serem aplicadas quando essas leis forem desrespeitadas (reparação dos danos e restauração do bom relacionamento).

Convém lembrar que um dos desafios do crescimento é aprender a controlar a impulsividade típica da "lei do desejo" ("Eu faço o que quero, na hora em que quero, do jeito que eu quero.") para sedimentar a percepção de que "o meu direito acaba quando começa o direito do outro". Vale destacar que muitos adultos não conseguiram completar esse processo e agem com violência e desconsideração pelos outros no trânsito, nas ruas, no trato com vizinhos e com a própria família ("Tenho pavio curto"; "Quando fico com raiva, perco a cabeça."; "Na hora da briga, falo coisas horríveis sem pensar, depois me arrependo."). Em qualquer idade (de preferência, começando na infância), a melhor maneira de conseguir controlar a impulsividade é aumentar o espaço da reflexão ("O que estou fazendo que não é legal, e como posso agir de outra forma?").

Trata-se, portanto, de um exercício diário de respeito e de consideração pelo outro. As crianças, desde pequenas, podem ser estimuladas a desenvolver relações de amizade e recursos para lidar com os conflitos para encontrar soluções satisfatórias para todos. Assim, torna-se possível criar um ambiente escolar em que os episódios de *bullying* não encontram terreno para florescer. Nas palavras de uma criança de seis anos: "Na hora em que a gente vê que errou, a gente tem que consertar!".

Em 2006, nos Estados Unidos, a Campanha Nacional de Prevenção do *Bullying*, organizada pela Health Resources and Services Administration (HRSA), apresentou as dez melhores práticas para a prevenção do *bullying*:

Envolver todo o ambiente escolar para concretizar a mudança do olhar, passando a considerar inaceitáveis os atos de *bullying* ;

Avaliar as manifestações do *bullying* a partir do olhar dos próprios alunos, funcionários e pais, o que pode ser feito com o auxílio de um questionário;

Buscar o apoio dos pais e da equipe escolar para promover ações de prevenção do *bullying*;

Organizar um grupo para coordenar as ações de prevenção do *bullying*, composto por diferentes profissionais da equipe escolar, pais e alunos, que se reúna regularmente com o objetivo de avaliar resultados, ouvir as pessoas e ajustar as estratégias de ação;

Capacitar toda a equipe escolar, incluindo não somente os professores, mas também inspetores, motoristas e monitores do ônibus escolar, funcionários da cantina e da recepção para que entendam mais profundamente as manifestações e as consequências do *bullying* e como podem atuar de modo eficaz;

Estruturar o contrato de convivência explicitando, não só para os alunos como também para as famílias, que a prática do *bullying* não é permitida. Essa postura da escola, as normas de convivência e as consequências quando elas são desrespeitadas precisam ser claramente apresentadas a todos;

Expandir a supervisão nas áreas em que as ações de *bullying* ocorrem com maior frequência – a pesquisa pode contribuir para definir quais as áreas mais vulneráveis do espaço escolar;

Colocar o *bullying* como tema transversal para ser discutido em sala de aula sempre que possível e, dessa forma, abordar valores fundamentais, como o respeito e a cooperação, para consolidar relações de amizade;

Intervir de modo consistente e apropriado quando ocorrem episódios de *bullying* – por meio de conversas e de acompanhamento das vítimas e dos agressores, com as respectivas famílias, bem como o trabalho com os espectadores;

Dar prosseguimento ao programa de prevenção ao *bullying*, que não deve ter data para terminar: ao contrário, precisa ser incorporado de modo permanente ao projeto pedagógico da escola.

Palavras finais

Para os alunos

Já pensaram quantas vezes fazemos *bullying* conosco? Podemos criar um verdadeiro "trauma do espelho" quando, várias vezes por dia, nos xingamos porque nosso corpo não está dentro dos padrões recomendados; dizemos a nós mesmos que somos incompetentes e não prestamos para coisa alguma porque não conseguimos desenvolver características desejáveis e nos vemos atrapalhados por nossa timidez.

Fazemos uma perseguição sistemática e implacável a nós mesmos, usamos máscaras e criamos personagens que encobrem nosso verdadeiro eu para agradar aos outros ou nos tornarmos mais populares. Com isso, desprezamos a pessoa que realmente somos, nos afastamos de nossa verdadeira essência, nos depreciamos e arrasamos nossa própria autoestima.

Essa crueldade conosco mesmos nos torna mais vulneráveis aos comentários críticos dos outros e, quando deixamos transparecer o quanto ficamos abalados com isso, nos tornamos alvos fáceis para os autores de *bullying*. Por exemplo, se eu mesma me ataco dizendo que sou gorda e horrenda, quando alguém me chama de "baleia", ou escreve um comentário em um *site* de relacionamento dizendo que eu vou ser eleita a menina mais feia da escola, eu vou ficar arrasada e a pessoa que resolveu me agredir desse jeito vai dar boas risadas!

Vocês acham mesmo que existe um só tipo aceitável de corpo? Aceitam sem questionar o padrão cruel de ser "colírio para os olhos" e temem que, diante da menor imperfeição, estejam condenados à rejeição? Acham que a embalagem é mais importante do que o conteúdo? Que tal se libertar dessa prisão dos preconceitos e apreciar diferentes formas de beleza?

Agora quero dar uma palavrinha com os autores de *bullying*: já pararam para pensar que vocês criticam e agridem os outros para encobrir seus pontos frágeis? Muitos gostam de "brincar de gangorra" nos relacionamentos: para se sentir por cima, precisam colocar alguém para baixo. Vocês acreditam que o ataque é a melhor defesa? Antes que alguém tente atacá-los vocês tomam a dianteira: estão vendo o mundo como um campo de batalha, funcionando "na lei da selva", onde só os mais fortes sobrevivem? E se vocês já foram vítimas e passaram a ser agressores para "descontar" em outros tudo aquilo que sofreram na própria pele? Esse é um recurso muito pobre para se recuperar das feridas! Vocês podem desenvolver caminhos mais eficazes de superação, sem ficarem aprisionados no circuito das agressões.

E quantas vezes vocês já presenciaram agressões e nada fizeram? Ou espalharam fofocas e mensagens ameaçadoras para suas listas de contato? Os espectadores do *bullying* e do *cyberbullying* podem encorajar ou inibir as ações dos agressores. Vocês querem contribuir para que os agressores se tornem mais poderosos? Ou querem ajudá-los a desenvolver recursos saudáveis de se relacionar com os outros?

A internet é uma fascinante janela para o mundo, abre possibilidades ilimitadas de conhecimento, informação e diversão. Mas o que preocupa pais e educadores é que nem sempre vocês se protegem adequadamente por não perceberem com clareza os perigos da rede e não pensarem nas consequências desastrosas da exposição de imagens e informações pessoais. Por exemplo, não imaginam que colocando fotos ou se mostrando pela câmera para pessoas desconhecidas que se passam por amigos virtuais estão correndo o risco de ter essas imagens adulteradas de modo prejudicial para vocês! E não adianta se tapear acreditando que "isso não vai acontecer comigo" porque pode acontecer, sim!

Muitos acreditam que o número de "amigos" nos *sites* de relacionamento mostra o quanto a pessoa é "popular": com isso, adicionam qualquer um como novo contato para aumentar a contagem. E isso aumenta o risco de cair nas armadilhas de gente mal-intencionada que está sempre à espreita dos incautos!

E, então, já pensaram que vocês expõem suas intimidades na praça pública do espaço cibernético? Estão influenciados pelos *reality shows* da TV, em que as pessoas mostram sem constrangimento o que se passa com elas, rompendo as barreiras entre o público e o privado? Estão nos microblogs, contando para todo o mundo o que vocês estão fazendo agora e oferecendo informações preciosas para os predadores? E querem que os pais "respeitem a privacidade" de vocês? Isso é incoerente!

Espero que vocês aproveitem as oportunidades fantásticas que não só os recursos tecnológicos, mas a própria vida, oferecem para que façam boas escolhas e continuem desenvolvendo o que há de melhor em vocês!

Para os pais

Sei que estamos todos sobrecarregados de tarefas, deveres, compromissos. No entanto, sei também que, quando nos queixamos de falta de tempo, o melhor a fazer é tratar de criar tempo, colocando prioridades, vendo o que podemos deixar de fazer e o que é realmente essencial.

Não é possível "terceirizar" a educação dos filhos: educadores de todo o Brasil sentem falta de uma parceria mais eficiente entre a escola e a família. Afinal, são as duas grandes fatias do mundo em que crianças e adolescentes estão inseridos.

Educar filhos é algo complexo e fascinante que nos estimula a rever como estamos construindo nossas vidas e nossos relacionamentos. A linguagem da violência está, infelizmente, muito enraizada na sociedade e nos meios de comunicação e é amplamente utilizada em algumas famílias: as crianças absorvem e reproduzem, desde cedo, os padrões de relacionamento com os quais convivem. O que acontece na família de vocês? Agressões físicas e verbais são consideradas normais? Mostrar a raiva xingando, batendo ou insultando é aceitável? As pessoas da família se divertem colocando apelidos depreciativos em alguns de seus membros? Ou colocando rótulos ("burro", "desligado", "imprestável") que impedem a visão da totalidade da pessoa? Será que é em casa que seu filho está aprendendo que a agressão é uma ferramenta básica para se relacionar com os outros? Na família, quem atua como figura de referência para a compreensão, o respeito e o cuidado com as outras pessoas?

Nossos lares tornaram-se centros de entretenimento, com a diversidade de canais de TV, jogos e computadores com acesso à internet. Com isso, corremos o risco de construir "ilhas" de diversão, cada qual mergulhado em seus próprios interesses, sem tempo de encontro nas refeições e em atividades conjuntas. O resultado é que os pais pouco sabem da vida dos seus filhos e vice-versa. E sabem menos ainda de como estão explorando o universo virtual.

Quando os adultos entram nos quartos de crianças e adolescentes, estes rapidamente minimizam telas e tentam apagar os rastros da navegação por *sites* pouco recomendáveis.

A questão não é proibir o uso do computador, mas elaborar, em conjunto, acordos de bom uso, baseados no respeito ao outro e na autoproteção, para evitar os comportamentos de risco. Lembrem-se de que vocês são amorosa e legalmente responsáveis pela educação e pela proteção dos seus filhos: isso é importante para rebater os argumentos de "invasão de privacidade" ou de que "todos os pais dos meus amigos deixam, só vocês são caretas" que os adolescentes gostam tanto de usar. Junto com seus filhos, vocês podem construir acordos que possibilitem o uso responsável da tecnologia e a exploração mais ampla de seus recursos benéficos. Liberdade e autonomia precisam crescer em conjunto com a responsabilidade e com a capacidade de cuidar bem de si próprio. É isso que possibilita o equilíbrio entre privacidade e proteção.

Crianças e adolescentes ainda estão construindo a percepção de perigo e, na internet, até adultos se expõem a riscos enormes sem terem a menor noção do que está acontecendo. Por isso, é importante esclarecer que haverá um acompanhamento do que está sendo feito na internet: se os filhos se expõem na praça pública do espaço cibernético, como querem que somente os pais respeitem sua privacidade? É legítimo, até, recorrer a serviços de proteção oferecidos por alguns servidores que bloqueiam *sites* de conteúdos inadequados, registram conversas de mensagens instantâneas e de *sites* de relacionamento e fornecem relatórios de navegação na internet. É recomendável colocar o nome do filho em um *site* de buscas para ver o que surge, bem como visitar as comunidades que ele frequenta nas redes sociais. Tudo isso faz parte do trabalho de conscientização sobre o uso responsável da rede.

E o tempo? Quase todos nós dizemos que não temos tempo para conversar, navegar na internet com os filhos ou comparecer às reuniões na escola. Muitos pais dizem que trabalham demais para "dar o melhor" para seus filhos. Mas será que "o melhor" significa comprar o celular de última geração, trocar o computador ou oferecer os modelos mais recentes de *videogames*? Será que realmente não podemos distribuir o tempo de modo mais equilibrado entre trabalho e família? Como podemos "dar o melhor de nós mesmos" para aqueles com quem temos o compromisso de amar e de cuidar?

Para os educadores

Entendo que muitos de vocês se sintam sobrecarregados e pouco reconhecidos no trabalho que fazem, por parte dos alunos, das famílias e até mesmo das políticas públicas. É de fato muito estranho que haja tanta dificuldade em valorizar a imensa contribuição da prática dos educadores para a formação de novas gerações de pessoas. Isso, em alguns momentos, provoca desânimo, descrença, até pela discriminação sofrida por parte da própria sociedade que deixou de valorizar os professores como categoria profissional. Percebo também, com o que aprendo nas inúmeras palestras e seminários de que participo em todo o Brasil, como está difícil a parceria entre a escola e a família. Ouço a queixa frequente de que alguns pais querem "terceirizar" a educação dos filhos para a escola, sem o necessário envolvimento para uma parceria eficaz. Quando surgem problemas de relacionamento, a primeira atitude é culpar os professores ou, simplesmente, dizer que o filho tem um temperamento difícil e que é obrigação da equipe escolar resolver essas questões.

Em alguns momentos, vocês se sentem impotentes diante desses pais resistentes e agressivos que se colocam como adversários em vez de colaboradores e aliados. No entanto, pais e educadores querem o mesmo: contribuir para o pleno desenvolvimento das crianças. Portanto, apesar das divergências, é preciso focalizar o olhar na área do interesse em comum. Nesse sentido, as perguntas reflexivas podem ajudar a diminuir a resistência e estimular a parceria. Esse tipo de perguntas incomoda e faz pensar: "Se essas dificuldades que estão se manifestando aqui persistirem por muito tempo, o que acham que poderá acontecer com sua filha?"; "O que acham que podemos fazer em conjunto para melhorar a qualidade do relacionamento do seu filho com os colegas?".

E, então, quando surge a ideia de construir um programa *antibullying*, é comum encontrar em alguns professores uma reação de resistência: "Mais essa para a gente, já não basta tudo o que temos de fazer?". Mudar padrões não é fácil, demanda grande esforço para abandonar esquemas conhecidos aos quais estamos adaptados, mesmo reconhecendo que são insatisfatórios. Criamos inúmeras justificativas para continuarmos fazendo "mais do mesmo": "Na época em que eu estava na escola, ninguém falava em *bullying*, eu sofri perseguições terríveis de alguns colegas e não morri por causa disso."; "Na escola em que eu trabalho nunca vi alguém praticando *bullying*, não vejo necessidade de criar um programa para combater o que não existe.". Com isso, muitas agressões que acontecem dentro da sala de aula não são tratadas, nem sequer vistas. "Não dá para interromper a matéria para cuidar das brigas da garotada!" Mas quais as consequências dessa postura? O padrão agressivo se intensifica até acontecer algo grave. "E eu nada fiz para impedir que as coisas chegassem a esse ponto..." pode ser a triste conclusão.

Todos nós, adultos, fomos crianças e adolescentes e muitos de vocês, hoje educadores, também carregam lembranças doídas de terem sido vítimas de *bullying*. E, então, sem se darem conta, acabam facilitando a prática do *bullying* com alguns alunos, colocando apelidos depreciativos, fazendo referências jocosas a grupos que incomodam, rotulando ou perseguindo implacavelmente aqueles que, por algum motivo, lhes desagradaram. Isso tem repercussões importantes, porque pode funcionar como uma licença para as agressões dos colegas.

Por outro lado, é importante lembrar a enorme importância do professor como modelo positivo de identificação. Uma pesquisa realizada na Fiocruz, no Rio de Janeiro, comparou jovens em conflito com a lei com seus irmãos não infratores. O que mais diferenciou esses dois grupos de jovens criados no mesmo ambiente familiar? O vínculo afetivo nutrido pela identificação positiva com professores por parte dos não infratores foi um dos fatores mais relevantes. É grande o poder de palavras, gestos e atitudes nos pequenos momentos do convívio escolar para tecer esse vínculo que faz a diferença.

Muitos agressores são pessoas que já foram agredidas e reagem reproduzindo a linguagem da violência, sem ter tido a oportunidade de encontrar alguém que compreenda os sentimentos subjacentes ao seu comportamento, a mágoa contida, a tristeza oculta, a fragilidade mascarada sob o disfarce da rispidez. A escuta sensível, a compaixão, a firmeza de fazer com que assumam a responsabilidade por seus atos ao mesmo tempo em que estimula a aprendizagem de padrões mais saudáveis de relacionamento têm um valor inestimável, que favorece a mudança de rumo na vida de muitos desses jovens. E vocês, educadores, ocupam um lugar importante na vida dos alunos e, por isso, podem ser valiosos agentes de transformação.

Bibliografia

Beane, A. *Protect your child from bullying*. Jossey-Bass, San Francisco, 2008.

Fante, Cleo. *Fenômeno Bullying*. Ed. Verus, São Paulo, 2005.

Donnellan, C. *Bullying Issues*, v. 122. Educational Publishers Cambridge, Inglaterra, 2006.

Harris, S. e Petrie, G.F. *Bullying – the bullies, the victims, the bystanders*. The Scarecrow Press, Inglaterra, 2003.

Kowalski, R.M., Limber, S.P. e Agatston, P. *Cyberbullying – bullying in the digital age*. Blackwell Publishing, Austrália, 2008.

Lopes Neto, A. e Saavedra, L.H. *Diga não para o bullying*. ABRAPIA-PETROBRAS, Rio de Janeiro, 2003.

Maldonado, M.T. *Os construtores da paz – Caminhos da prevenção da violência*. Moderna, São Paulo, 1998.

Maldonado, M. T. *O bom conflito – Juntos buscaremos a solução*. Integrare Editora, São Paulo, 2008.

Maldonado, M.T. *A face oculta – uma história de bullying e cyberbullying*. Saraiva, São Paulo, 2009.

Middelton-Moz, J. e Zawadski, M.L. *Bullying – Estratégias de sobrevivência para crianças e adultos*. Artmed, Rio Grande do Sul, 2007.

Namie, G. e Namie, R. *The bully at work*. Sourcebooks Inc, EUA, 2000.

Rigby,K. *New perspectives on bullying*. Jessica Kingsley Publishers, Londres, 2002.

Yunus, M. *Building social business*. PublicAffairs, EUA, 2010.

- www.antibullyingprograms.org
- www.beatbullying.org
- www.bullying.org
- www.bullyingcyberbullying.com.br
- www.cdi.org.br
- www.cyberbullying.org
- www.cybermentors.org.uk
- www.demos.co.uk
- www.denuncie.org.br
- www.digizen.org
- www.internetresponsavel.com.br
- www.kidshealth.org
- www.kidscape.org.uk
- www.observatoriodainfancia.com.br
- www.olweus.org
- www.plan.org.br
- www.theonlinemon.com
- www.saferinternet.org
- www.safernet.org.br
- www.workplacebullying.org